天下雜誌
觀念領先

百萬暢銷書推手，日本第一書評家
土井英司 著
歐凱寧 譯

一流的人讀書，都在哪裡畫線？

一流の人は、本のどこに線を引いているのか

我從小就非常喜歡昆蟲圖鑑。
興高采烈地看著每張照片，讀著每段解說文。
接著，開始感到坐立難安，我便會奔向山林原野，去找這些昆蟲。
現在的我依然沒變，讀了書之後就跑出門，回家又繼續讀書。
我想，一定有很多人和我一樣。
因此，我要將本書獻給這些繼續奔赴山野、尋找昆蟲的大孩子們。

【目錄】

第4章

別看「結果」，要看「原因」

第5章 別製造「相同」，要製造「差異」

第6章 別看「內容」，要看「背景」

序

人生，從「一條線」出發

只要一條線，就夠了

在一本書裡自己畫上「一條線」，可能帶給你劃時代的創意，也可能瞬間改變你的一生。

以我來說，這最具代表性的一條線就劃在被譽為日本「知識的巨人」梅棹忠夫的名著《資訊文明學》[1]中。

「在資訊時代裡，不能缺乏資訊的評論家，也就是資訊的解說家。」

身為出版行銷顧問以及商業書籍的書評，我的職涯精髓完全濃縮在這一句話之中。

我還想到很多條線，例如麥當勞創辦人雷·克洛克的自傳《永不放棄：我如何打造麥當勞王國》[2]也被我畫了線，提醒我投資房地產的重要性。神田昌典的

《工作的祕訣》[3]裡面也畫了線，給予我事業發展上的祕訣，使我獲得相當於數千萬日圓的益處。

在寫作本書的過程中，我讀了高級百貨「成城石井」創辦人石井良明先生的著作《成城石井的創業》[4]，其中提到該百貨在東京惠比壽車站大樓「Atre 惠比壽」成立門市的時候，就注意到該地區的特色是餐飲業林立，所以特別強化「供專業者使用」的概念，在商品配置上大幅增加食材與調味料。這讓我對「專業用」一詞有了新的見解。

我自己事業裡的「專業用」是什麼？

新的事業項目？

新的產品線？

或者是……

我的腦袋開始運轉思考。這則資訊對我來說應該有上億日圓的價值，而其他讀者更可能會創造出數十億、數百億日圓的價值。

書上畫的一條線，潛藏著未知的商機。我每天拿著紅筆在書上畫線，取其精華為己所用，同時也持續透過自己的電子報《商業書馬拉松》（以下簡稱ＢＢＭ）分享給讀者。

就算是篇幅較小的書，一本裡至少也有幾千行的文字。只要能在書中畫出唯一的一條線，換得的成果，拿來抵銷買書的錢都綽綽有餘。

我已經讀過兩萬多本商業書，經驗告訴我，與其在一本書裡畫一百條線，不如找一百本書各畫一條線，更加實際且收穫豐碩。

本書將指引讀者，為了能夠畫上專屬你的一條線，在成千上萬、新舊交錯的商業書中，怎麼挑選書，從中吸收什麼，最終如何連接到實際的行動。

一切就從昆蟲圖鑑開始

我生長在秋田縣，名為「男鹿」的小鄉村裡，爸爸只有高中畢業，而且高中成績也不怎麼樣，所以我家裡沒有幾本書。

某天，附近的幼稚園因為經營不善而倒閉了。爸爸聽說這件事，就把幼稚園不要的書全都收下，用卡車載回家裡，他會這麼做應該是希望可以好好栽培孩子。

於是我們家的某個小房間裡突然堆滿了書，裡面還有些紙偶戲材料，數量多到已經不是書香世家，而是書堆世家了。

我每天不斷讀書。

其中最愛的就是某本昆蟲圖鑑。

這本圖鑑被我讀到滾瓜爛熟，倒背如流。

讀久了，我就想看看真正的昆蟲，於是奔波在山林之間，採集昆蟲做標本。

即使長大成人，那段兒時記憶依然歷歷在目，刻骨銘心。這使我從小就養成一個習慣，看書獲得知識之後，一定要親赴現場、實際驗證才甘心。

隨著年紀增長，幼稚園的藏書已經無法滿足我，然而冥冥之中有天意，我家正對面步行三十秒穿越馬路之處，竟然開了一間書店。

於是我每天就去站著看免費書。

這家書店是蔦屋書店在秋田縣推動的「文化超商俱樂部」連鎖門市之一，名為高桑書店，當時的店老闆高桑一男先生，還清楚記得有個小男孩每天都來看書，卻不怎麼買書。現在高桑先生已經是「文化超商俱樂部」的社長了。由於這段免費書的緣分，每次我有新書出版，他都必定鼎力相助，是我非常感謝的人。

小說是「消費」，商業書是「投資」

我小時候看書完全不計較種類，為什麼現在以商業書為主？因為我想透過自己喜歡的書，來提升全日本的產能。

年輕時，我在秋田站著看免費書，夢想著要當個外交官，或任職於聯合國等國際機構，好幫助開發中國家的貧困兒童。所以我發奮向學，考上慶應義塾大學湘南籐澤校區（SFC）的綜合政策學院，並修習英文與法文兩大外語。

但當我開始搬到東京居住，卻有了新的發現。

日本是這麼先進的國家，東京又是它的繁華大都市，住在這裡的人卻和開發中國家的貧童一樣「飢渴」，這是一種心靈上的飢渴。

當時泡沫經濟已然崩潰，日本陷入長期的經濟不景氣，使每個人心頭都蒙上陰影。

一連串的心靈商品造成暢銷，社會掀起搞笑熱潮，都是受此時代背景所影響。開發中國家的民眾即使都已豐衣足食，是否仍然落得心靈飢渴的下場？那麼，在日本生長的我，不是應該先解決這個問題嗎？

於是我發現讓心靈飽足的手段，或許就在「娛樂」。

大學畢業之際我前往希臘留學，學習古希臘的悲劇與喜劇，畢業之後進入日本娛樂產業的龍頭「世嘉」（SEGA）任職。

然而希臘終究面臨破產，世嘉在日本建立了那麼多電玩遊樂場，也不見人心獲得滿足。

原來，當時我是倒因為果了。

工作不順遂。

人生困苦。

不開心。

就因為人生無趣，人們才需要娛樂，就如同喝酒和賭博般，追求一時的放縱。這時我才領悟，娛樂是「結果」而不是「原因」。

那麼人類追求娛樂的「原因」何在?在於「工作不順遂，生意做不好，人生不如意」，也就是不懂得如何讓人生本身變得有趣。

如此一來，滿足心靈的方法就不是製造更多娛樂，而是要讓現實生活好轉。現代人一整天的時間幾乎都消耗在工作上，只要工作的時間充實而愉快，人生就會五彩繽紛。

因此，我開始推廣優質的商業書籍，並栽培優秀的商業書作家，希望能讓全日本的產能向上提升。

假設現在一本娛樂小說，還有一本商業書，那麼娛樂小說不需要帶著特定目的去讀，都能看完。

小說很有趣，所以能夠用被動的心態去讀，這是在「消費」小說中的趣味，娛樂就是一種消費。

而商業書沒有任何娛樂元素，讀商業書的重點在於「目的」，要選讀哪本書？吸收什麼內容？在哪裡畫線？你要朝著目標用心思索才能完成這些事。即使你因為想做點什麼而買了書來讀，但卻只是隨便讀讀，一樣不會有收穫。所以讀商業書不是「消費」，而是「投資」；不是買金飾來滿足自己，而是去挖掘金礦的行動。這正是商業書的魅力所在。

兩年內寫了一千則書評

我在世嘉只做了一年就辭職轉戰出版業，曾經擔任編輯部門的編輯兼作家，出版社的編輯等職，二〇〇〇年進入日本亞馬遜網路書店擔任採購，是日本亞馬遜的創設老臣之一。

在亞馬遜工作真的很充實，出版社每天都送書來，我要用自己的眼光挑出可能暢銷的書來企劃推廣。這可不像現在的書店，只是把暢銷書放在一起販售而已，而是亞馬遜自己企劃行銷、一手打造暢銷書，最後我就成了人們口中的「王牌採購」。

當時我主要的工作是選書與寫書評，所以必須讀書、造訪出版社、收集資訊。當時我每星期要介紹七本書，實際讀的數量則是三倍，在亞馬遜工作的四年之間有兩年是書評編輯，我在這段期間寫了大概一千則書評。這真的是很開心的工作。

但是亞馬遜慢慢轉為自動化經營，追求高效率與低成本，便不再看重自家書評的價值，反正出版社和經銷商會免費提供內容簡介，有放這個就足夠了。

好不容易能夠用我獨特的眼光挑選出被埋沒的好書，介紹給讀者，並且幫助讀者在職場上更順遂，我實在不想輕易放棄這樣的事，因此我決定自立門戶。

亞馬遜做不到、人類才能做到的事

我在亞馬遜學到很多，最大的收穫就是「電腦可以分析結果，但無法製造出一個原因來達到這個結果」。如果用更人性的說法來解釋，就是這樣一句話：

「人類真正的價值，就在於製造原因。」

我於二〇〇四年離開亞馬遜，當時亞馬遜已經建構起完整的電腦系統，絕大多數工作都由電腦完成，畢竟亞馬遜的需求預測系統準確度已達九七％，人類採購員派得上用場之處，只剩下三％。

然而，金礦就藏在這三％裡面。

某天我要推一本經典著作《銷售的技術：賣東西必須有方法、有技巧，顧客才會買單》[5]，這種書每天能不能賣出一本都很難說，但我經手了之後突然湧進十倍以上的訂單。

電腦對此做出有趣的分析，它把「銷售量增加十倍」的近期現象，搭上「曾經有相同銷售量的書，後來銷售量如何演變」的資料，然後簡單地計算出迄今為止的十倍需求預測。

這時候我懂了，電腦終究無法預測我推銷這本書的「原因」，只能反映十倍銷售量的「結果」。

人類可以創造原因。

但是電腦無法創造原因。

電腦也無法找尋原因。

所以電腦不是我們的敵人。
只有人類可以創造未來。

當然，由於人工智慧（AI）持續發展，電腦將能夠做到更多事。正因如此，我認為自己無法被電腦取代的能力，就在於挑選作者，挑選著作，並且畫線。這或許是我在亞馬遜這段日子裡，所領悟到最重要的一件事。

「評價就是理解」

離開亞馬遜之後，我成立了「Elies 書本顧問公司」，並於二〇〇四年七月二十日發行第一期「BBM」電子報，直至今日。

我還清楚記得，在BBM創刊之前，先發行了第零期（創刊準備期）電子報，介紹施里曼的《考古的熱情》[6]，也是為了試水溫並感謝各界鼎力相助。第一期電子報，則介紹了《季寧談管理》[7]。

ＢＢＭ是每天出刊的電子報，針對忙碌的企業主與商務人士，介紹我如何閱讀熱門商業書，在哪裡畫了紅線。我記得剛開始只有大約五千名訂閱戶，現在已經是二十倍以上了。

某天，我為山本高史的著作《案本》[8]，寫了書評。

山本曾任日本知名廣告公司電通的首席設計師，現為Kotoba有限公司創意總監暨文案作家、關西大學社會學系教授。他創作的廣告文案成績斐然，例如豐田汽車的「改變，令人怦然心動」、東日本旅客鐵道的「我與Suica一起生活」等。

山本看了我的書評之後特地聯絡我，誇得我受寵若驚，還請我吃飯。

他對我說了這麼一句話：

「我認為評價，就是『理解』。」

這句話令我我永生難忘。通常人們認為評價就是「優劣」、「好惡」，但山本說評價就是理解，而且我的書評蘊含了理解，讓他很開心。

我認為能夠理解，以及努力去理解的人，才能在往後的時代裡生存，所以得到山本的這句話，真是我的榮幸。

為了維持「BBM」電子報，我每年讀一千多本書，至今總計讀了四萬多本，累積這樣的閱讀量應該多少有些資格來談書。

我還有另外一項重要的事業，就是經營一系列栽培作家的課程「十年暢銷作家養成班」，從中發掘並推廣新作家。

近藤麻理惠所著的《怦然心動的人生整理魔法》[9]系列，在日本與美國暢銷百萬本，並在全球超過四十個國家翻譯出版；另外像是龜田潤一郎先生的《為什麼有錢人都用長皮夾？》[10]，江上治的《年收一億日圓》[11]系列，高橋政史的《為什麼聰明人都用方格筆記本？》[12]，這些作家都出自我的養成班，且成就遠高於我。

「作者濾鏡」能改變你的視野

商業書真的很便宜。

知名的企業經營者、教練、專家學者，都累積了龐大的經驗。專業編輯從眾多先進的思想與經驗中萃取出精華，而我們只要花幾百元就可以看得到。

無論是多麼有趣的小說，多麼感人的電影，應該很少有人願意花上萬元去看。但是，如果這幾百元的商業書裡，蘊藏著價值上億的商機呢？我認為，花上萬元買來看也值得。許多出版社並不了解這一點，讓書本價格取決於書本厚度，而不是內容的價值。

讀者當然應該利用這點，尤其是有興趣創業或經營企業的人更不能錯過。

讀書的最大功用，就是學到偉大作者們的觀點與思維，這可以說是一種濾鏡。透過作者的濾鏡來觀察世界，可以幫助你找出自己與他人的差異點，並促進自我成長。

好的商業書必定要包含「作者的濾鏡」，讀書就是為了透過這個濾鏡，改變你的觀點，改變你輸入腦袋裡的資訊，進而改變這個世界。

另一方面，價格較便宜的雜誌就沒有這種濾鏡，只有編輯部的「編輯角度」而已。這就是書本的價格比雜誌高的原因，因為書籍本身是非常有價值的。

一般來說讀書可分為兩種。

一種是強化你的「已知」，一種是吸收你的「未知」。

兩種讀書都充滿智性，令人熱血沸騰。

那麼，讀這本書對你來說屬於哪一種？

若我挑書、讀書、畫線的方法能幫助到你畫出價值連城的「一條線」，將是我的榮幸。期望我能幫助你開啟活躍多彩的人生。

【編者註】

1.《情報の文明学》，梅棹忠夫著，中央公論新社出版。本書目前無繁體中文譯本。
2.《永不放棄：我如何打造麥當勞王國》，雷・克洛克、羅伯特・安德森著，經濟新潮社出版。
3.《仕事のヒント》，神田昌典著，Forest 出版。本書目前無繁體中文譯本。
4.《成城石井の創業》，石井良明著，日本經濟新聞出版社。本書目前無繁體中文譯本。
5.《銷售的技術：賣東西必須有方法、有技巧，顧客才會買單》，法蘭克・貝特格著，久石文化出版。
6.《古代への情熱－シュリーマン自伝》，シュリーマン（Heinrich Schliemann）著，新潮社出版。本書目前無繁體中文譯本。
7.《季寧談管理》，季寧・莫斯考著，長河出版。
8.《案本》，山本高史著，Impress 出版。本書目前無繁體中文譯本。
9.《怦然心動的人生整理魔法》，近藤麻理惠著，方智出版。

10.《為什麼有錢人都用長皮夾？年收入200倍法則！改變25萬人的錢包增值術！》，龜田潤一郎著，平安文化出版。

11.《年収1億円》包含多本系列作，其中一冊已有繁體中文譯本《富有是練出來的：33個好習慣，讓你擁有金錢自由的人生》，天下文化出版。

12.《為什麼聰明人都用方格筆記本？：康乃爾大學、麥肯錫顧問的祕密武器》，高橋政史著，方智出版。

第1章

這樣讀書是不行的

「好不好看」並不重要

想找到對你有意義的一段文字，得先找到一本好書，所以我要先談談，該怎麼提高找到好書的機率。

要如何分辨值得讀的書，以及不值得讀的書？

我認為選書必須遵守以下這個大前提：

書的內容好不好看，與你的事業好壞毫無關係。

書本身就不是一件可供享樂的東西，而是使你人生得以享樂的「工具」之一。本書所談的「閱讀」，是抱持著目標、並且能夠引發各種後續行動的。閱讀不是為了取悅自己，而是為了拓展視野，挖掘出這世界的種種有趣之處。

因此，內容好不好看一點都不重要，那不是重點。

拓展視野最好的方法，就是與大人物當面聊天。

建築師安藤忠雄讀國中的時候想當個職業拳擊手，但是某天看到年輕木工在增建平房二樓，就發現了建築的有趣之處。這個故事當然要聽安藤先生親口說最好，但大多數人沒這個機會，所以我們能透過他的自傳《安藤忠雄：我的人生履歷書》[1]，得到相似的體驗。

以安藤忠雄的故事為例，我們可以發現另外一個閱讀重點，那就是能夠想像，這些了不起的大師，一定都非常享受自己的工作。

適材適用，人們只要能做適合自己的工作，就能展現更好的成果，讓社會更加富庶。不僅如此，他們全心投入工作的姿態還能感動他人，吸引更多人投身同樣的工作。

如果有人問你一本書的讀後感，你只會說「好看」、「無聊」，那就要小心了。我希望你能回答出這本書讓你感覺到什麼、如何拓展了你的視野。如果答不出來，代表你閱讀時缺乏目標，或者這本書不值一讀。

「書評」這種東西也不需要

只要有人讀書，就一定有人寫「書評」，寫書評並不是什麼壞事，畢竟我也是靠這個維生的。

問題在於書評本身的內容。閱讀並不是為了寫書評，你自己才是主角，書則是輔助。閱讀，是讀者從書中提取精華，濃縮進自己的腦袋中。這就是好的閱讀者應該做的事。

我的書評，會說明自己從書中吸收了什麼，重點放在自己閱讀之後的變化，而非書本的內容。正因為我很清楚自己的不足之處，才要透過閱讀，補足自己的缺乏。

如果不為了自己，而是為了寫書評而閱讀，就會失去閱讀的價值。這種人寫的書評沒有自我意識，只有解釋書本內容，其實就是摘要。

有些人的確很會寫摘要，這也是介紹書本的重要能力，但正在讀這本書的你，肯定不是為了寫摘要而閱讀。再怎麼說，寫下這本書的人是作者，就算讀者與作者的想法一樣，也是沒什麼意義的。至少對寫書評的人來說是沒有幫助的。

你不需要寫書評或讀後心得，而是要在能夠成為心靈養分的文句上畫線，即使只有一行，若這行字能化為己用，這本書就有價值。

「沒有全部讀完就不甘心」的病

有人認為閱讀就是「把書從頭看到尾」。

其實，沒有全部看完也沒關係。

如果有人看過彼得・杜拉克的《管理學》[2]，請想想它的分量。就連簡化的「精華版」[2]都有滿滿的三百二十頁。如果是完整版，更是一共三本、高達一千多頁的篇幅。

你必須把這一千多頁都讀完嗎？答案絕對是否定的。

像《管理學》這種包羅萬象的書，沒必要一口氣讀完。它就像字典或百科，有需要之時翻到你要查閱的部分，畫幾條線就好。

或許不久之後你會需要讀其他部分，屆時再回頭翻書即可。

況且，你要向一個作者學習一切，出發點就不合理，也很難堅持到底。所以，不需要從頭讀到尾的「整體練習」，改為依照當下需求閱讀的「部分練習」就可以了，這點會在第三章進一步解釋。

有些人真的只讀了一部分，就賺回書價數萬倍的利潤。

曾有讀者因閱讀拙作《成功讀書術》[4]，而向我表達感謝。我在書中提到傳奇估價師是川銀藏的故事，並由此提出一個定律，那就是景氣循環與鋼鐵產能的時間差如何影響鋼鐵股價波動。後來某位讀者告訴我，這個定律給了他靈感，幫助他大賺一筆，令我欣喜不已。

如果這位讀者把整本《成功讀書術》都看完，除了股票之外沒有任何收穫，他是否會批評我「這本書怎麼只有一個好處」？我想不可能。

一本小說，是一個從頭到尾架構完整的故事，只要途中有個差錯，便會掃了讀者的興。

但商業書不同。只要有一個小地方對讀者有幫助，其他全都派不上用場也沒關係。即使其他部分全都輸了，只要贏一場，結果還是勝利。「一勝九十九敗」也行。閱讀商業書就像在挖掘鑽石，只要挖到鑽石，其他砂石都不重要。

商業書只要看對自己有幫助的部分即可，實在沒必要整本都看完。

別只挑喜歡的作者來讀

閱讀商業書有幾個陷阱，其中之一就是專挑自己喜歡的作者，或者價值觀與自己相近的作者來讀。若是讀小說，專挑自己喜歡的作家來讀是沒問題的，但閱讀商業書不是「消費」而是「投資」，光看讓自己舒服的書，就無法突破成長。

價值觀相左的作者成功經驗，或自己不擅長的知識領域，確實讓人看了就不舒服，甚至讀不懂。

像我會看消費性產品經營者所寫的書，也會畫線，從中獲得影響與刺激，但心裡依然認為「我不適合這個產業」。我能夠理解顧客心理，也懂行銷原理，但就是無法親手執行。

然而閱讀最大的價值，就是能接觸不同價值觀的人的思維。

只要清楚自己絕對做不到什麼，不適合做什麼，自然就知道自己應該學習補足些什麼，又該把什麼交給其他人處理。例如經營企業的人，就是因為清楚自己做不到的事，才會聘雇員工來做，也因此才能清楚列出聘僱條件、透過面試找到合適的員工。

只看自己喜歡的書就像挑食，挑食會造成營養失衡，傷害身體健康。

你喜歡的資訊會自然而然往你靠近，所以更該刻意去接觸你不喜歡的價值觀，那麼你會發現世界更加多元而廣闊。

「自我陶醉線」只是確認既有信念，毫無意義

一本書該在哪裡畫線才對自己有益？本書要探討的就是這件事，但在這之前我想先說說「哪裡不該畫線」，那就是讓你覺得「對！沒錯！我想的果然沒錯！」的部分。

你或許會想，為什麼不能畫線？我知道只要看到書中文句支持你既有的想法，就會十分開心，令人有股想畫線的衝動。但是，這只不過是「自我陶醉」，喜歡讀名言錄的人特別有這樣的傾向。

確認自己的「正確」無助於你的成長，反而會讓人變得偏頗，無法接受新思維與新方法，這對你的事業與職涯來說，是扣分而非加分。

反之，若有一句話令你感到不太舒服，但卻印象深刻，這就務必要畫上一條線。或許當下沒辦法幫到你，但日後回顧起來，可能是改變人生的一段話。

畫線，要畫在有新發現的地方，有幫助的地方，以及與自己思維不同的地

方，才能幫助你成長。

幫作者的「謊言」與「佳話」畫線的濫好人

讀者要記住，書本裡面通常混雜了作者的「謊言」與「誇大」，我並不是在批評作者都是騙子，作者們並非刻意欺騙，而是不經意地寫下謊言或誇大事實。

我也不怕得罪人，基本上所有「自稱」的內容很可能都是謊話。如果沒有客觀的數據資料、明確的事證、詳盡又具體的故事、第三者的證詞等足供判別真實性的資料，這些「自稱」的內容都該打個折扣或全部跳過。

商業書的作者通常都是功成名就才會寫書，他們的成就無庸置疑，除非是某些連成就都要捏造的特例，而讀者是為了吸取成功經驗才看他的書。若這名作者無法客觀地解釋自己成功的原因，或者寫得敷衍隨便、避重就輕，那麼無論作者本人再怎麼成功，他的書也沒必要畫線。

出版社與編輯為了賣書，會為這種老王賣瓜的書想出令人感覺非讀不可的書名，而且還設計精美誘人的封面吸引讀者購買。

千萬不能落入這種陷阱。

再來，有些商業書會收錄令人感動的佳話，而我也認為這些內容不是很重要。先說清楚，我讀到可信的「佳話」也會感動佩服，有時候還會畫線，對這位作者的人品深感敬佩。

被佳話感動不是壞事，佳話是心靈的養分。

但要先搞清楚，「佳話」與做生意是沒有關係的。

作者怎麼把生意做成功了？

他採取了哪些行動？

他做了什麼導致失敗？

又如何振作？

這才是你要知道的。

只會幫「結果」畫線實在可惜

世上的一切都有「原因」與「結果」，而線要畫在原因上，而非結果上。只要掌握這個基礎，就能在書上畫出很好的線。

本書的序文裡已經提過，我在念書以及剛出社會的時候總是倒因為果，後來有本書令我茅塞頓開，那就是全球銷售量超過六千萬本的管理學課本《管理學》[5]。

書中有項研究結果讓我大開眼界。

「只有產能高的員工才會感到充實，反之則否。」

員工並不是因為充滿鬥志才有好的工作成果，反而是工作表現優良之後，才會產生鬥志。也就是說，有沒有鬥志只是結果，原因在於工作表現好壞。

如果面試的時候只看鬥志，錄取一個高喊「我很拚」的人，當這個人沒了鬥志，就會淪為一個廢人。工作表現優良，員工自然就更有鬥志。因此，錄取或訓練員工不能看鬥志，而是要設法提升員工的工作表現才對。

《管理學》裡闡述的內容令我更深刻地體認到，倒因為果會讓所有策略都出錯。

本書第四章，會進一步探討原因與結果。

讓書店幫你選出好書

想要找到好書，得先找到能陳列出好書的書店。換句話說，這家書店必須能替你選出你該讀的書。

有品味的人會去的書店，裡面大多是有品味的書，這些書並非時下暢銷書，而是書店本身精心挑選的書。

位於岩手縣盛岡市，盛岡車站Fes'an大樓內的「澤屋書店Fes'an門市」不僅在出版業界頗負盛名，更是全國所有書店愛好者必去的聖地。

這間書店的手繪廣告與立牌，向來為人所稱道，但關鍵就在於打造廣告內容的店員具備「閱讀力」。店員一旦發現某本書有誘人之處，就會徹底挖掘出「必買的理由」，並推薦給顧客。

商業書要找出賣點來推銷並不難，但文藝類書籍要這麼做可不簡單。所以，對讀者而言，在澤屋書店Fes'an門市買書這件事，就非常有價值。

說到書店，你會想到哪一間？

如果連一間都想不到，現在開始找一間也不遲，只要找到這樣的書店，你挑書的眼光將逐步提升。

選書十一招

我每天平均讀三本書，其中大概有一本可以畫上不錯的線，然後將這本書的書評寫在我的電子報「ＢＢＭ」中。

從經驗反推回來，若我要完成一則高品質的書評，只要先挑三本「應該值得畫線的書」就好。

承蒙各大出版社關照，敝公司每天都會收到十至十五本書，我會從中挑三本來讀。有時候三本裡可以選出二本來推介，有時候三本都好，但也可能三本都畫不到什麼好線。長年累月這麼讀下來，我學會了怎麼挑選「該讀的書」與「不必讀的書」。

當你隨手翻開一本書，看到什麼樣的內容，才代表這本書該讀呢？基本上有以下十一招可以參考。

【選書十一招】

1 經理人類的書，作者要挑「創辦人」或「中興功臣」
2 從「作者簡介」分辨作者有沒有本事
3 作者要選「一流的變態」
4 向「顧問」取經準沒錯
5 別挑「門外漢」寫的書
6 不要被「書名」欺騙
7 選「專有名詞」較多的書
8 如果前幾頁就值得畫線，買了
9 書本要有大量的「資料」佐證
10「翻譯書」的好書機率較高
11 注意「條列內容」

1 經理人類的書，作者要挑「創辦人」或「中興功臣」

首先來談談作者。

最常見的商業書作者，就是「經理人」。

如果要讀經理人類的書籍，作者要挑「創辦人」或「中興功臣」。

許多偉大創辦人都是白手起家，並創造企業理念，這一類型的名著更是不勝枚舉。

有些人從中途接棒，將萎靡不振的企業推上高峰，這種中興功臣又有不同於創辦人的觀點。

最有名的中興功臣著作，就是讓IBM重生的路．葛斯納所寫的《誰說大象不會跳舞？》[6]。

另外擔任過寶僑（P&G）執行長的拉弗里也寫了一本內行人才知道的《改寫遊戲規則者》[7]。書中提到寶僑如何打造出Ariel、Febreze、SK-II、品客等暢銷產品，如何領導市場以及創新的祕訣，是相當珍貴的著作。

這些書乍看之下都很平淡，但只要挑選中興功臣的著作，就不太會錯過好書。另外，有些商業書的作者既不是創辦人，也不是中興功臣，只是從上班族當上老闆，這就要小心了。

在大品牌公司工作之後當上社長，而不是親自創立這個品牌，這種人寫的書學不到品牌的本質，或許只能學到怎麼在企業內部的鬥爭之中脫穎而出。

市面上還有許多外資企業的日本分公司社長所寫的書，這些人通常是仰賴外國品牌的勢力來做事，無法確定作者真正的實力如何。這時候可以參考他在母公司是否擔任要職，若此人在母公司也是決策團隊的一員，代表他確實有本事。

所謂的「經理人」，包含著多種模樣。讀者必須仔細確認作者的經歷，據此判斷能夠從他身上學到什麼。

2 從「作者簡介」分辨有沒有本事

接下來，我想談談怎麼從作者簡介分辨他是「真品」還是「假貨」。

首先，請仔細看看作者的經歷與證照。

重點在於分辨出這些是靠實力去取得的，還是任何人只要花錢都買得到。

假設簡介中出現了「哈佛」兩個字，如果是實際就讀哈佛大學、商學院、法學院等並取得學位，就的確證明了作者的實力，當然算是一流經歷。

但如果只是「曾就讀哈佛大學○○課程」就要小心，因為有很多課程只要繳錢，任何人都能去上，哈佛大學官網就有各種付費課程的價目表，讀者若有興趣，都可以上網查詢。

「曾師事○○教授」卻未提及有無畢業、有無學位，這也要小心。他可能只是花大錢去哈佛旁聽。另外，「客座教授」也是比較容易取得的稱號，別被它騙了。

商場經歷也有類似狀況。

有些人會避重就輕地寫「曾參與△△公司之□□研發計劃」，借用知名的公司與品牌來幫自己打知名度，但只要他沒有清楚寫明自己的職位與成就，建議你就別當一回事了。

有些人在外資企業的日本分公司創造亮眼業績，如果他只是靠外資既有的品牌力量達成，這種書就不必讀；但如果他有自己的創新做法，例如打造日本特有的品項，或將外國產品本土化，這本書就有閱讀的價值。

還有一種狐假虎威的手法，那就是自稱「擔任知名企業的講師」。若企業因為聘他當講師而業績蒸蒸日上，創造熱銷商品，那是值得一讀。但實際上知名企業經常聘請講師，他可能只是其中之一。

只要仔細研究簡介，就能知道這位作者有沒有足夠的資歷與本事，能否寫出有價值的內容。這就好像家中愛犬生病，千萬別去諮詢寵物用品店的店員，因為他們是「賣東西」的專家，而不是「治病」專家。治病，應該去找獸醫才對。

3 作者要選「一流的變態」

前面提到作者簡介的可信度，但其實還有另外一個完全不同的觀點來看作者是否可信，那就是看他有沒有靠「喜好」去做事。

高端連鎖超市成城石井的創辦人石井良明很喜歡「零售業」，也就是相信自己挑選商品的眼光，客人一定會買得很開心。

使日本環球影城（USJ）業績起死回生的森岡毅，則喜歡根據數據來提出假設，並且逐步驗證，創造前所未見的成就。

他們都從工作中獲得名利所無法衡量的報酬。

請容我說得過分些，他們都是相當偏激的人，甚至有點「變態」，但就因為他們變態地熱愛工作，寫起書才有氣勢與深度。

優秀作者的條件之一就是「一流的變態」，如果你從文字中感覺到變態狂熱，這本書就該讀。

4 別向「顧問」學實作

優秀顧問寫的書通常都不錯，但如果搞錯該學的部分，有可能在商場的實戰中派不上用場。讀顧問所寫的書，是為了確切掌握特定領域的「王道」，顧問可以井然有序地解釋管理的王道、策略的王道或行銷的王道，這些通常都值得一讀。

但顧問畢竟只是提供建議的人，幾乎都沒有實際執行的經驗。

能夠提供優秀的經營建議，不代表真的會經營企業。

能夠提供優秀的行銷建議，不代表真的會賣東西。

能夠提供優秀的教育訓練計畫，不代表真的會教。

他們不管客戶怎麼執行自己的策略，也不管依據現實狀況該如何改變策略，所以別想從這些書學到最前線的執行力。你只能向顧問學普遍性的策略與戰術，因此，只有在需要有系統地掌握特定領域的知識時，才需要讀顧問所寫的書。

5 別挑「門外漢」寫的書

有些作者是活躍於媒體的名嘴，每年出版的書高達十本，他們有穩定的書迷與客群。這種作者的書好賣，也因此多產，我並不想評論產量高是好是壞。

問題是，作者到底說了些什麼。

絕大多數名嘴、評論家都是先從特定專業領域提升知名度，才建立社會地位的。他們可能有博士學位、經營公司、或者擁有大學教職，評論起自己的專業領域當然既客觀又有成效。做學問的人，談起自己的專業當然比較可靠。

問題是他們針對自己不專精的領域，還是像個專家一樣滔滔不絕。

法學家去談英文；

日文專家談兩性情愛；

前職棒選手談其他運動……

這種事情不勝枚舉。

這些人明明不是專家，出版社卻看上他們的知名度與信賴感而請他們寫書，這種書就算賣得好，對讀者也沒什麼益處。這些作者只有在談自己擅長的領域時，才有價值。

《基業長青》的作者柯林斯在接受專訪的時候這麼說過：

「我要做過大規模調查才能寫書，所以五年才出一本書。」

6 不要被「書名」欺騙

接下來的內容可能會稍微冒犯各位編輯，因為我認為書名經常和內容沒什麼關係，而且我想，不會有太多編輯跳出來對我的說法表達嚴正抗議。

書名通常是由編輯與出版社來決定，編輯是打造一本書的人，也是行銷這本書的人。只要書名能夠吸引讀者、增加銷量，即使不符合作者理念與書本內容也在所不惜，而且愈是優秀的編輯和出版社，愈會這麼做。

所以，別被書名給騙了。

很多書的書名看來誘人，買來一讀卻失望透頂，這倒不是什麼大問題，再找一本好書就行。

問題在於，若是遇到自己不喜歡的書名就不讀，這就非常可惜。有時候讀讀這些書是對自己很有幫助的。

比方說前面提到的《成城石井的創業》，從書名看來感覺是「創辦人的感人故事」，但其實是詳盡描述成城石井如何建立起品牌，並獲得顧客死忠支持。

看到書名誤以為是創辦人自傳，而拒絕翻開來看，將會喪失絕佳良機。所以，千萬不能只看書名選書。

7 選「專有名詞」較多的書

我很推薦兩本書，《為什麼法國人愛「百吉棒」？》[8]和《進化式商務旅館為何如此一房難求》[9]。這兩本書談的東西天差地遠，卻有下面這些共同點：

包含許多「專有名詞」。

這種書「值得買」。

在收集資訊的時候，專有名詞總是能提供很大的幫助。

- 商品名稱。
- 企業名稱。
- 人名。
- 地名。

無論上網搜尋或翻找地圖，只要掌握專有名詞，就能大大提升搜尋速度，資訊準確度也更高。

書中的專有名詞不僅讓你了解書本內容，還可以幫助你查詢進一步的資訊，例如這個的大品牌是由哪家企業所經營，又有哪些客戶。

而作者一旦搬出專有名詞也就不好胡說誇大，因為專有名詞愈多，讀者就愈想查證，所以書中專有名詞愈多，可信度就愈高。反之缺乏專有名詞，內容模糊曖昧的書，請盡量別碰。

說到商業書的作者，大概就是企業主、顧問，各行各業的專家，但我希望各位再加上一種人。

就是「記者」。

某種專門刊物的記者，或專精某種產業的記者，寫書時通常會使用大量專有名詞，這代表他的採訪是很有深度的。

這種書通常比較無趣，在書店裡擺放的位置也不起眼，但其實內容含金量很高。而且，正因為一般人不知道它們的價值，讀了這些書，就會強化你的優勢。

8 如果前幾頁就值得畫線，買了

站在書店裡挑書的時候，有個簡單的標準，那就是開頭有沒有震撼人心的佳句。一本好書，在很前面的部分就會出現值得畫線的內容。

我在寫作本書的過程中，讀到曾任寶僑全球總部北美區潘婷品牌經理、現為經營日本環球影城的USJ行銷總監森岡毅所寫的《機率思考的戰略論》[10]，此書份量超過三百頁，但開頭就有值得畫線的佳句：

「市場結構的DNA取決於消費者的喜好（消費者對品牌的相對喜好度）。」

我看了這句話便欲罷不能，一口氣看完全書。

高端連鎖超市成城石井創辦人石井良明的《成城石井的創業》也在第六頁出現決定性的思維：

「品牌就是顧客對你的評價，光做表面功夫是不夠的。」

我在書店拿起此書翻閱，看到這句就決定買下。

嬌聯（Unicharm）社長、同時也是該公司中興功臣的高原豪久所著《嬌聯式栽培自我的技術》[11]，第二頁就開門見山地說了：

「今天的商業環境不是『大欺小』，而是『快欺慢』。」

生產消費性產品的嬌聯為何能持續成長？關鍵就在這一句，實在令我佩服。

當作者真正理解事物本質，並有能力傳達給讀者時，就能讓人在書本開頭就想畫線。商業書不是小說，不需要好酒沉甕底。好的商業書一開頭就寫得好。

9 書本要有大量的「資料」佐證

有大量資料佐證的著作令我感覺美妙與敬佩，這種書堅持立場努力查詢資料，與處處為客戶心情設想的業務思維恰巧相反。

優秀的行銷人，會與顧客拉開距離，透過研究資料來理解顧客，「分析資料並提出假設」，以一種科學的、學術的方法來執行。近年來最成功的例子，就是前面提過的《機率思考的戰略論》。

但我必須註明，在日本較缺乏以學術方式做行銷研究的行銷人。

10「翻譯書」的好書機率較高

翻譯書的好書機率比較高，原因在於全球化。

去美國的超級市場瞧瞧，就可以看到「世界」，好吃的麵來自義大利或日本，好優格來自希臘，好水來自法國，全球化就是將全世界最美味的佳餚聚集在一個地方。

亞馬遜，ZARA，優衣庫，寶僑，嬌生，在亞洲拓展的嬌聯，在印度設點的鈴木，都是靠著全球化去汲取最佳資源，才會不斷成長茁壯。

如果優衣庫、鈴木、嬌聯都只待在創始之處的日本，現在會是什麼光景？全球人口正向一百億邁進，其中大半地區的生活品質才正要準備突飛猛進，反觀日本，人口開始減少，而且幾乎所有產業都受困於低成長，即將成為全球化浪潮中的輸家。

翻譯書的好書比較多，是因為在世界級的市場上，總不缺嶄露頭角的贏家，所以看看熱門的翻譯書想必不吃虧。

11 注意「條列內容」

如果時間不夠，只能快速翻閱瀏覽呢？最後，讓我介紹這獨門絕招：請找有條列出策略、戰術與妙招的書。

拿起書來快速翻閱，只要看到條列式的的內容就停下來看，如果條列出的內容是全書精華，或是容易執行的戰術經驗，那這本書就值得一看。

作者有辦法條列內容，代表他能夠好好地整理分類，更重要的是，能具體表達自己的想法。正因為作者絞盡腦汁，身體力行，建立方法，才能條列出明確的內容。

如果想迅速判斷一本書的好壞，就看看其中條列的內容。

【編者註】

1.《安藤忠雄：我的人生履歷書》，安藤忠雄著，聯經出版公司出版。
2.《杜拉克：管理的使命》、《杜拉克：管理的責任》、《杜拉克：管理的實務》，彼得．杜拉克著，天下雜誌出版。
3. 此處指上田惇生摘譯的日文版《マネジメント〔エッセンシャル版〕—基本と原則》，鑽石社出版。
4. 日文原書名為《成功読書術》，土井英司著，Gomabooks 出版。本書目前無繁體中文譯本。
5.《管理學》，Steven P. Robbins、Mary Coulter 著，華泰文化出版。
6.《誰說大象不會跳舞？：葛斯納親撰ＩＢＭ成功關鍵》，路．葛斯納著，時報出版。
7. *The Game-Changer: How You Can Drive Revenue and Profit Growth with Innovation*，by A.G. Lafley、Ram Charan，Crown Business。日文譯本為《ゲームの変革者—イノベーションで収益を伸ばす》，日本經濟新聞出版。本書目前無繁體中文譯本。

8. 日文原書為《「ポッキー」はなぜフランス人に愛されるのか?》，三田村蕗子著，日本実業出版社。本書目前無繁體中文譯本。
9. 日文原書名為《進化系ビジネスホテルが予約がとれないほど人気なワケ》，永宮和美著，洋泉社出版。本書目前無繁體中文譯本。
10. 日文原書名為《確率思考の戦略論》，森岡毅、今西聖貴著，Kadokawa 出版。本書目前無繁體中文譯本。
11. 日文原書名為《ユニ・チャーム式　自分を成長させる技術》，高原豪久著，鑽石社出版。本書目前無繁體中文譯本。

第2章

不要「速讀」，要「慢讀」

不懂的事本來就該慢讀

當我提到自己每天讀三本書，一定會有人問我：「你花多少時間讀完一本書？」這要看書本的厚度，但通常我只花二十分鐘。此時提問的人都會驚呼：「好快！你是用什麼速讀招數才會這麼快？」

其實我沒學過什麼速讀，而且不覺得速讀有什麼特別的好處。因為能不能速讀，與讀書品質的好壞，是沒什麼關聯性的。

相反地，我認為書應該要讀得慢，讀得仔細。

我讀書這麼快其實有個契機，在希臘留學的時候曾經有份作業，就是要讀完兩百五十頁的英文書，寫出一份篇幅高達十頁A4紙的報告。這個內容已經不簡單了，更可怕的是老師傍晚出作業，隔天上午就要交。

當時我想，完蛋了，這絕對不可能。但時間緊迫不做不行，只能焦急地翻開英文書。此時直覺突然告訴我，這兩百五十頁之中哪些該讀，哪些可以跳過。連我自己都被自己有此能力嚇了一跳。仔細想想，其實道理很簡單，因為報告有訂出主題，只要找出與主題相關的部分仔細閱讀即可。

也就是說，只要有明確的「目標」，你讀書的品質與時間都會改變。目標之外的資訊都不需要花時間讀，速度當然會更快。

假設你要讀杜拉克的《管理學》，「目標」是了解身為領導人該怎麼管理下屬，那麼只要讀相關部分就好。看看書本的簡介與目錄，搞清楚你要學什麼，仔細鑽研這些部分就好。「快」只是一個結果，本身毫無價值。

但我想還是有人希望能讀書讀得更快，請聽我一句勸。

所有的書你都讀不快嗎？

應該有些書讀得快，有些讀得慢。

想必你有擅長與不擅長的內容。

讀到不擅長或不熟悉的內容，讀得慢是理所當然，因為你不懂，慢慢讀才會懂，才會理解，才會吸收。這段過程是何等愉悅？由「不知」邁向「知之」是一件大工程，千萬不要把它想得像微波爐熱菜一樣簡單。

慢慢讀，好好懂，懂得愈深，讀書速度自然就愈快。

以「今年要讀幾本書」為目標實在太遜了

前面提到「讀得快」沒價值，同樣地，「讀多少本」也沒價值。我並不認為自己讀了兩萬本書有多了不起，讀書真正了不起的地方在於「有沒有發揮功用」。透過書本獲得新知，在商場上發揮出來，對社會做出貢獻，才能讓我感到快樂。

有些人會在一年之初立志「今年要讀一百本書」，真是無聊透頂。讀書的重點在於「目的」而不是「數量」，所以應該立志的是你的「目的」。有時候讀了十本書，不如把一本經典讀十次，因為真正的好書，可以讓你依據十個不同的目的，反覆讀個十遍。

如何提升幹勁？
如何建立正確的人事制度？
如何打造暢銷產品？
如何正確管帳？

只要內心湧上疑問，就重讀一次。

讀一堆不同主題的書是很有趣，但若想在有限時間內吸收學問，這麼做的效率就不高。要在短時間內鑽研特定主題，就不需在意讀多少本，而是應該掌握重點深入學習，這樣才能更快達到目標。如果能讀完單一主題的三十本書，應該算得上是專家了。

另外，鎖定主題深入研究，過程中也會接觸到相關的其他主題，並很自然地引發研究其他主題的動力。因此請不要隨機亂讀，先鎖定一個主題，然後依循相關主題接連閱讀，這種開枝散葉的讀法，更能有機地逐步吸收，增加自己的學養。我會在第七章深入探討此事。

你的閱讀是「喘息」或「努力」？

讀書對一流商務人士並非閒暇之餘的樂事，而是做生意的「起點」。為了目標而讀，獲得新的知識與見解後，展開新的行動。

有些「旅遊愛好者」每年都會出遠門放鬆個幾次，但這樣不能變成旅遊專家，真正的專家必須掌握怎麼買票、當地有那些美食、不同的旅館分別有哪些服務、通往景點的祕徑、捷徑等一切資訊。必須成天只想著旅遊，想著怎麼提供大眾更多有益的資訊，這種「一流的變態」，才能成為專家。

讀書也是一樣，專家整天想著管理、領導、行銷、金融，不斷挑戰自我，所以讀書是專家用來解決問題的最佳工具。今天拿紅筆在醍醐灌頂的一段字句上畫線，明天就付諸行動。

所以讀書是「努力」，絕對不是「喘息」。

如果讀書有分「積極」與「消極」，我當然推薦「積極」讀書。

但若真的是精疲力竭，選本輕鬆簡單的書來喘口氣，為自己充個電也不錯。不斷往前衝、往前衝，偶而停下腳步休息，或許是不錯的閱讀步調，畢竟受傷了還是需要時間調養的。

半途受挫是最棒的，請珍惜你的「不知」

「讀書讀到一半就受挫。」我想你應該有這種經驗，而且多半把它當成一件負面的事。但讀書受挫其實是美事一樁，這有兩個原因。

第一，至少你在受挫之前，都是認真面對、主動地挑戰這本書。當你在書中讀到新知識、未曾實踐過的技術，會覺得很難理解，造成心理負擔，因此才會半途放棄。

這種「主動」的思考方式，就是閱讀的一大優點。

引人入勝的影集或電影，不需要觀眾花心力去懂，劇情依然行雲流水地推進。如今大多數的電影都老少咸宜，適合闔家觀賞，所以很好懂，觀眾完全處於「被動」接受的狀態。

但書本，尤其是商業書，必須經過思考消化才能讀下去，是主動的行為。閱讀，思考，決定要不要接受，然後繼續閱讀與思考。長久下來，你的思考能力會更加成熟。而不需要動腦筋就能懂的書，讀起來或許暢快，卻無法鍛鍊你的大腦。

「半途受挫」代表這本書對現在的你來說負擔太重。比方說經典作品，或者與自己興趣不同的領域，讀起來經常令人受挫，但你應該抬頭挺胸，相信自己讀這些書是很棒的挑戰。

在不懂的地方畫條線

挫折還有另外一個好處。

當你讀書讀到受挫，代表你已清楚發現自己「不懂」的地方。例如「我讀一本知名作家的名著，讀到第幾章第幾頁，其中有個地方就是不懂。」在這不懂的地方畫條線吧，這條線將改變你的人生。

日後碰到專家先進，就謙虛地向他們請教這個「不懂的部分」，一流的人可以透過你讀什麼書，在哪裡掙扎，看出你是不是認真，有沒有心要學習。只要確定你有心，他們就會傾囊相授，宛如教導過去那個「不懂的自己」，甚至衍生一種革命情懷。

今天不懂不代表永遠都不懂，當你不懂，就記住這個不懂，每天努力向學，答案就會離你愈來愈近。

總有一天，你會茅塞頓開，恍然大悟，或是有貴人指點迷津，這些都是挫折給你的好處。所以，要敬重你的「不懂」。

閱讀只是入口

只要讓自己的腦袋像塊海綿，各種資訊就會自然而然地向你聚集過來，這是因為你讓自己保持著「遇見未知」的狀態。

請想像你的大腦是塊充滿空隙的乾海綿。

又輕又蓬鬆，一捏就扁。

隨時都想往上面灑水來滿足它。

但乾海綿有乾海綿的好處，當你有很多事情不懂，代表你還有很多空間可以吸收知識。直到如今，我還是覺得自己的大腦有一個部分一直是塊乾海綿，這才能對作家與編輯們提出「不懂」的問題，問出書裡沒有寫的資訊。

甚至可以說，做一個渴望吸收各種知識的海綿，會讓你擁有絕對的「競爭優勢」。假設你要訪問一位知名學者，先研究他的艱澀大作而受過挫折，或者完全沒讀過他任何一本書，訪問的出發點會完全不同，得到的答案也大相逕庭。

請把自己當作一塊海綿，隨時注意該怎麼吸收知識泉源，常常認真思考，然後付諸行動。

閱讀本身不會讓你獲得競爭優勢。

閱讀只是一種「工具」或「契機」，讓你懂得發問，問出你的競爭優勢，並引發你的行為。我小時候讀了昆蟲圖鑑就跑去山裡抓蟲子，這個昆蟲男孩的競爭優勢在於「親眼見證實物」。把昆蟲圖鑑翻到爛，只是為了獲得親眼驗證所需的基礎知識。一定要親自接觸過昆蟲，才能長出智慧。

閱讀只是一個入口。讓自己永遠是一塊海綿也沒關係。除此之外，沒有別的方法能為自己創造如此偉大的契機，令人飛躍成長。

若你要見豐田汽車的主管，可以先讀大野耐一所著的《追求超脫規模的經營：大野耐一談豐田生產方式》[1]，找出一兩個不懂的地方。

若是閱讀《目標：持續進步的過程》[2]而受挫，或是能在《非常潛力股》[3]之中畫線，你知道能因此認識多少大人物，聽到多少高深的金玉良言嗎？光想像就興奮莫名。

聰明人絕對不會鄙視努力的人。

受挫、讓自己的腦成為海綿，是你獲取競爭優勢的入場券。

【編者註】

1.《追求超脫規模的經營：大野耐一談豐田生產方式》，大野耐一著，中衛出版。
2. *The Goal: A Process of Ongoing Improvement*，by Eliyahu M. Goldratt, Jeff Cox, North River Press。日文譯本為《ザ・ゴール》，鑽石社出版。本書目前無繁體中文譯本。
3.《非常潛力股》，菲利浦・費雪著，寰宇出版。

第3章

別看「整體」，多看「部分」

喬科維奇為什麼找波里斯．貝克當教練？

我高中時是網球隊員，在秋田縣排得上前八強，但我認為自己並不是什麼天才選手，只是用心鑽研「練習方法」才有好成果，如今這經驗更進一步發揮在閱讀與學習上。

我重視「部分練習」多過「整體練習」。

亦即見樹不見林。

網球的擊球可分為發球、正手、反手、殺球、高吊等等，可以打到底線邊上，也可以擦網，還有各種旋球應付各種狀況，增加球賽的深度。

那究竟該怎麼練習？

最常見的練習就是一對一持續對打，這是「整體練習」，練習過程中可能使用各種擊球方式，也有可能完全沒用上某些擊球方式。

另一種方法就是只徹底練習發球，或者只練反手等，這就是所謂的「部分練習」，將每一個小部分練到爐火純青，比賽時就自然可以應付任何狀況。

我絕對推薦「部分練習」。

輸贏競賽中只要有弱點就會立刻露出馬腳，比方說你擅長正手但不擅長反手，對方發現之後，就會拚命逼你用反手。只有練球對手和濫好人才會故意餵你正手。

敵人會專挑弱點來打，所以要把反手練到爐火純青。

世界球王諾瓦克．喬科維奇（Novak Djokovic）為什麼要聘波里斯．貝克（Boris Becker）當教練？

我想答案在於「發球」。

喬科維奇這人的發球速度不快，所以聘請曾經是高速發球選手的波里斯．貝克當教練，請貝克教他怎麼打出快速發球。結果喬科維奇的發球速度確實不斷提升，發球得分的次數也確實增加。這就是補足自我缺點的「部分練習」，連喬科維奇這麼厲害的選手，都需要按照「部分練習」的原則來選教練。

能發出好球，除了擅長的正手，還練習反手、減低自己對快速球的恐懼、練習截擊與回擊、習慣上網的時機，如此多元加上扎實的部分練習，才能培育出一流選手。

你練過綁鞋帶嗎？

工作和網球一樣，若是每天渾渾噩噩地上班，既無法栽培強項也無法克服弱點。人一旦養成習慣，就會得過且過、不求上進，在舒適圈中就不需要改變，但這樣就無法成為一流人物。

商場如戰場，敵人會專挑你與你所屬公司的弱點來攻擊，請想像一下，你的競爭對手有哪些弱點？

A公司業務很強，但商品魅力不大。

B公司產品很棒，但物流不夠順暢。

C餐廳東西好吃，但服務不佳。

競爭對手也一樣會觀察你們公司的弱點，當對方打來一顆你們不拿手的反手球，你們有好好練習、準備回擊嗎？

《完美練習》[1]一書中提到一位約翰．伍登的故事，他是UCLA（加州大學洛杉磯分校）籃球隊教練，被譽為「二十世紀最偉大的教練」。據說他的特色，就是嚴格教導球員們如何綁好球鞋鞋帶。

先從小目標開始加深印象，做久了就能累積自信心，這正是「部分練習」的第一步，也是成功的入口。

人生時間有限，能讀的書也有限，假設你決定要讀一千本書，全部都選擇自我啟發的書籍，是沒有意義的。該看哪方面的書才能克服弱點？該強化哪個領域才能贏過其他競爭對手？你需要哪種「部分練習」？

股神華倫．巴菲特向班傑明．葛拉翰學習「價值型投資」，向菲利浦．費雪學習「成長型投資」，並創造出自己的投資風格。你打算向誰學些什麼？接下來，就要介紹如何擬定「部分練習」的策略。

強化優點，消除缺點的閱讀策略

想了解該學習的類別，重要的第一步是「分類」，我所知的分類高手是擔任顧問的內田學，他的著作《MBA精華》[2]最近正好再版。

內田在該書中將MBA（經營管理碩士）學生該學的學問，分為以下八類：

經濟學／營運學／管理學／統計學／人力資源管理／金融會計／策略規劃／行銷學

這裡的重點並非八門學問的內容，而是為何要分成這八門學問。若你為了讀

MBA課程而閱讀這本書，那麼內田的教導會相當有幫助。

不過，如果讀者走實戰路線，應該適合更通用的分類，所以後面有我參考內田的說法，重新編排出的八門學問。

若你想靠閱讀深入鑽研自己的專業領域，就沒必要按照內田或我的分類方法。比方說編輯必須學編輯方法，服飾業者必須學時尚，不同領域的工作者都有其不可或缺的知識需求，專業好手們可以安排自己的類別，擬定適當的讀書計劃。

至於想要學習分類方法來幫自己分類學問的人，可以參考東京大學研究所教授三中信宏的著作《分類思考的世界》[3]。三中透過自己專長的生物分類學，講述「分類」的歷史、難度與重要性，可說是分類學的教科書。書本內容對理工人來說淺顯易懂，對文史人來說新鮮有趣，請務必參考看看。

當你完成分類，就知道自己對哪些類別有興趣，對哪些類別沒興趣，這便是個人喜好。

如果你整天想著某個類別的事情仍樂此不疲，那就是你的天性，然而接觸一些不太熟悉的類別，對你也是很有益處的。陌生的知識或許能對你原本的興趣有所貢獻，接觸看看你原本沒興趣的領域，可能突然對此就有了興趣。請不要挑食，多方參考，嘗試過後若還是希望專注在原本的領域上，這時再來鑽研也不遲。

讓你成為一流人的八招「部分練習」

接下來，為各位介紹更適合商務人士的通用分類法，可說是「部分練習」的天龍八部。

1 會計與金融

2 策略

3 行銷

4 營運

5 管理與領導

6 商品研發

7 統計

8 經濟

你看了這八個類別的第一印象是什麼？

對於大學沒碰過會計學與金融學的人來說，看到「會計與金融」這一項，可能會感覺很悶，但若要做生意卻看不懂財務報表，可是會吃大虧的。就因為很多人不會看財務報表，看懂的人就能大幅領先。「統計」和「經濟」的相關知識，也是一樣的道理。

過去沒有接觸過，或者明知重要卻左閃右躲的領域，請務必在閱讀本書後去接觸看看，那會是我莫大的榮幸。

請先讀「名作」

以下要介紹每個領域的「部分練習」重點與基本教科書，若你第一次嘗試有目標的閱讀，請挑選眾人推崇的「名作」，因為這些作品包含了各領域的概要與基礎。

更進一步來說，你的競爭對手也會讀名作。企業經營者大多有自己的「聖經」，例如彼得．杜拉克、菲利浦．科特勒、麥克．波特等人的作品。只要掌握名作的內容，就能推算出競爭對手根據哪本書來經營企業，又會打出什麼行銷策略。

你是否聽過競爭對手說出這些話？

「我的基本策略就是成本領導策略。」

「豐田式生產管理對我影響甚鉅……」

若你不知道什麼是「成本領導策略」，什麼又是「豐田式生產管理」，就無法分析你的對手。反之，懂得成本領導策略的人，就能預測競爭對手接下來會做什麼經營決策，其中會有哪些弱點，甚至自己該如何反制。

名作可以說是大多數人所參考的「基礎」，做生意不懂基礎，就不會成功。以下，就是我從新書與經典中精選出眾人必讀的名作。

在介紹我的八個分類之前，先提一下沒有納入的「資訊科技與設計」和「溝通與英語」。

「資訊科技與設計」可以說是現代的必修學分，但不應該與我的八個分類一起學，而是要進入實作階段再來學才好。掌握資訊和設計可以更進一步拉開與對手的差距，尤其日本人的設計能量在全球市場上居於劣勢，有興趣的人請深入鑽研，或者先打好了八個分類的基礎，再把資訊與設計的力道補足。

「溝通與英語」顧名思義就是溝通技巧，禮節與儀態，最後是英語能力。這項「部分練習」也很重要，但已經超出閱讀的範圍而更接近實作，不該由我僭越說明。實作領域的學問與我所提的分類有所落差，本書便不多提。社會上有許多溝通及語言專家，請在閱讀之餘向專家請教，不斷提升國語和英語的溝通能力。

接下來我們依序探討「部分練習」的八大招。

1 會計與金融

損益表的各個項目，愈上面的愈重要！

將這個閱讀項目排第一位，有非常重要的意義。

如果不懂會計，讀再多商業書都很難有正確的理解與評論。所以，要在商業書上畫出一條好線之前，務必要先學習會計與金融的基礎知識。

公司會計有一些稱之為「財務報表」的基本文件，其中最重要的財務三表就是「損益表」（PL，Profit & Loss Statement）、「資產負債表」（BL，Balance Sheet）和「現金流量表」（CF，Cash Flow Statement）。考慮到某些讀者對金融術語過敏，在此就以「損益表」舉例說明學習會計的重要性。

「損益表」是列出一定期間內（通常是一個會計年度）的營收與支出，然後計算利潤，表中由上而下共六個項目（為了方便理解，省略特別利潤與特別虧損）：

營業收入／營業成本／推銷與管理費用（營業費用）／營業外損益／所得稅費用／本期淨利

最大的重點在於順序，請記住「重要性是由上往下排列」，就能大大減輕你的會計過敏症狀。這六項的對象分別是客戶→廠商→員工→銀行→國家→股東。最重要的當然是排最上面的「營業收入」（客戶），損益表上排項目的數字愈高，公司就愈不容易虧損。

企業經營不善有許多原因。

例如營業收入減少，成本提高，人事費用飆漲。

這些都會讓公司倒閉，但最嚴重的還是營業收入減少，只要了解這一點，就能用企業經營者觀點來閱讀商業書。

或許曾經有長官對你說過：「希望所有員工都以老闆的角度來做事」，這樣的長官恐怕根本不懂什麼是「老闆的角度」，老闆角度最重要的就是了解損益表六項目的優先順序，不懂優先順序，公司保證完蛋。

嬌生公司有一份知名的社訓「Our Credo」，內容相當經典，讀過之後讓我發現一件事。

「Our Credo」

本公司第一責任，是堅信本公司為了醫師、護士、病患、父母等所有顧客，提供產品與服務，（中略）並且努力降低產品成本，維持適當價格。

本公司第二責任，是尊重公司內部所有個別員工，認同員工的尊嚴以及與價值（後略）。

本公司第三責任，是貢獻我們所生活及工作的當地社會，乃至於全世界的大社會。我們身為優良國民，必須貢獻社會公益與福祉，並繳交正當稅負（後略）。

本公司第四責任，也是最後的責任，便是對公司股東負責，使事業產生穩定利潤。

聰明的讀者想必已經發現這則社訓有一定的順序。

重視顧客／降低產品成本／尊重員工／貢獻地方與全社會／繳交稅負／產生利潤

我們再回頭看一次前面介紹的「損益表」六項目：

營業收入（客戶）／營業成本（廠商）／營業費用（員工）／業外損益（銀行）／稅金（國家）／本期淨利（股東）

將兩者合併起來，就得到下面的結果：

重視顧客（客戶）／降低產品成本（廠商）／尊重員工（員工）／貢獻地方與全社會（銀行）／繳交稅負（國家）／產生利潤（股東）

簡直如出一轍，天底下沒有這樣的巧合。

因為嬌生公司非常清楚，企業要壯大成長，就必須做到「確實執行損益表由上往下的六個項目」。只要恪守社訓，公司絕對不會虧損。

接著去鑽研營業收入中的現金來源，現金比例等，就會開始想研究資產負債表與現金流量表，進而了解各家企業的現況、體質、優點與缺點。

那麼，當你讀商業書並分析企業時，就知道該在這些部分畫線。

如果公司營運體質是「先收現金再出貨」，營運就會穩定。例如捷運要乘客儲值悠遊卡，就是先向乘客收錢來確保營運順暢。

第四章會提到日本傲視全球的大企業嬌聯，但光看嬌聯一家公司很難體會它強在哪裡，必須與其他公司的財務作比較，例如同樣在全球消費市場占一席之地的寶僑或金百利。只要掌握財務分析的基礎知識，就能從數字看出公司的強弱。有機會出國旅行，觀察外國的超市時，還能看出各家廠商安排產品線的用意。

懂會計，就能懂公司與社會的架構。請戰勝你的恐懼，好好練習會計這部分。

【學習會計金融的推薦參考書】

◆**《輕鬆看懂結算表》**[4]（石島洋一著，PHP文庫）

最適合用來學習會計基本中的基本，內容非常淺顯易懂，甚至連數學不好的人都能讀懂會計原理。

◆**《從財務三表掌握會計訣竅：輕鬆看懂財報與經營的關係》**（國貞克則著，先鋒

企管出版）

這是我推薦的第二本入門書，透過本書能夠了解財務三表的相互關係，相當創新，還有淺顯易懂的圖解。

◆**《終生受用的金融入門》**[5]（朝倉智也著，鑽石社）

作者是日本晨星基金公司的總裁，文學院畢業卻自學金融，自費出國留學取得ＭＢＡ學位，接觸此領域的歷程與一般讀者比較接近。書中提及金融本質，由現金流的變動來區分公司類型，並加以比較分析，計算併購價值等。內容比上面兩本更精深，但文筆淺白，最大特色是以現金流來區分八類公司的獨創圖表。

◆**《財務報表分析》**[6]（櫻井久勝著，中央經濟社）

如果讀了上面三本書，對會計與財務分析有更深入的興趣，請務必閱讀本書。本書是一部已經改版至第六版的經典作品。

其實這正是我讀大學時使用的課本，不打算當會計師的人沒必要全部讀完，但光是讀個開頭也很值得。

2 策略

判斷這項策略是否可以被他人模仿！

不用我說，大家都知道策略非常重要，若你和你的公司能推出獨門策略，必定能贏得市場上的競爭優勢。

有本暢銷書名叫《藍海策略：再創無人競爭的全新市場》[7]，是許多經理人搶著讀、爭相實踐的大作。

所謂「藍海策略」，就是放棄有許多人參戰的既有市場「紅海」，轉進競爭者較少的新市場「藍海」，創造商品、獲取最大利潤。也就是說，藍海策略就是找出沒有競爭對手的市場。

但是這項策略有個致命的缺點，也是個簡單的真理：

「藍海不會永遠是藍海」。

就算這塊市場現在屬於藍海，競爭對手很快就會加入，使市場迅速轉為紅海，並捲入殺價競爭的漩渦。遇到這樣的狀況，即使想趕快找出下一塊藍海，也不是那麼容易的事。

《Free：從「免費」生出金錢的新策略》[8]是日本二〇〇九年的暢銷書，但現在商場上還有人能靠免費策略保持優勢嗎？

真正耐人尋味的地方是，當所有人都開始採用免費策略，你該如何保持自身的優勢？

華倫・巴菲特與比爾・蓋茲曾經有過對談，談話中提到「即使現在有創新技術與優秀產品，終究還是會被人模仿，失去競爭優勢」。若大家都效法美國管理學家麥可・波特的「競爭策略」（Competitive Strategy），到最後大家就會失去差異性，不會有永遠的競爭優勢。

學習策略的重點，在於創造出其他公司無法模仿的策略，所以必須尋找哪些企業和管理者創造了難以模仿的策略。請多閱讀，在能窺見獨特策略的地方畫線，長久下來自然能養成策略思維，創造更持久的競爭優勢。

另外，鹽野七生所著的《海都物語》[9]乍看之下與商業策略沒什麼關聯，但講述了歷史長達千年的威尼斯共和國興盛的祕密；喬治・弗列德曼（George Friedman）的《下一個一〇〇年》[10]則講述美國長期處於優勢，都能夠給讀者一些啟發，思考何謂無法模仿的競爭優勢。

一旦出現採用相同策略的競爭對手，你的事業就會有風險。

為了培養你打造獨特戰略的思考能力，請在名作上畫線。

【學習策略的推薦參考書】

◆ **《經營戰略全史：50個關於定位、核心能力、創新的大思考》**（三谷宏治著，先

覺出版）

大學沒有修過經營策略的人，最適合透過本書迅速上手。其中包含許多策略論的歷史潮流，以及偉人的故事，讓你建立經營策略的基礎知識。

◆**《策略就像一本故事書：為什麼策略會議都沒有人在報告策略？》**（楠木建著，中國生產力中心出版）

本書認為單一的商業模式無法製造競爭優勢，要像說故事一樣「先這樣，再這樣，然後就可以這樣」，涵蓋了時間順序的因果關係，就難以模仿，並以星巴克、亞馬遜、7-11 等企業來舉例。其中亞馬遜的策略故事圖解尤其精彩。

◆**《創新的兩難》**（克雷頓．克里斯汀生著，商周出版）

人只要過得順利，就不肯放下現有的策略，而這就是其他人加入戰場的機會。這本名著認為人要不要加入戰場，除了自身的本事之外，還要考慮有沒有參戰的意願與情緒。

◆ **《好策略．壞策略》**（魯梅特著，天下文化出版）

資源基礎觀點（resource based view）大師魯梅特，在這本著作中講述策略的本質。

書中一針見血地指出，所謂策略，就是以自己的最強去攻擊對手的最弱。書中事例包含第一次世界大戰，第二次世界大戰，波斯灣戰爭等大戰的戰略，以及宜家、沃爾瑪、蘋果等大企業的競爭優勢等。本書雖是超過四百頁的著作，但隨處翻讀都有值得一看的好段落。

3 行銷

要行銷不要推銷！

行銷之神菲利浦·科特勒將行銷定義為「一個組織為了給顧客創造價值、解釋價值、提供價值，並有利於該組織及其利益關係者，此組織管理該組織與顧客之間的關係，所執行之一連串功能，即為行銷。」但這麼長一串，實在很難記住。

所以只要掌握其中的精華，行銷就是「有益於利益關係者」。

行銷的目的就是「摒棄推銷」。

推銷就是販售商品或服務，也就是「業務」的工作，而行銷的功能，便是讓公司不需要「業務」，依然能夠賣出商品或服務。

現代的顧客一旦被推銷，反而會懷疑起商品與服務的價值。你低頭求客戶買自己的東西，客戶反而會思考，為什麼你得低頭求他買？是不是灌了什麼不必要的成本在裡面？反之，若有成功的行銷，顧客自己上門來買，建立起買賣雙方的信任，自然而然就會暢銷。

當你閱讀商業書學習行銷，請注意書中以什麼方法「摒棄推銷」。為何星巴克不需要大肆宣傳，仍能維持品牌的知名度？追根究柢就會發現，星巴克堅持直營模式，重視舒適而非效率，即使星巴克賣的咖啡比其他競爭對手更貴，卻還是門庭若市，正是因為星巴克刻意允許的「沒效率」所造成的結果。

近年來各家企業營運無不講究效率，正確來說是講究最佳的ROE（股東權益報酬率），但如此一來便落得與其他公司相似。因此一個不講效率的管理者，正是行銷能量的來源。

從「資訊」的角度來看，行銷的意義也已經發生變化。東京代代木上原有一家主打在地化的房仲「住建Housing」，這家房仲的仲介幾乎不跑業務，而是專心更新網頁內容，每天就只是更新房屋資訊而已。

時代改變，現代的顧客們可以用各種手段蒐集並比較資訊，透過上網，就可以查出有興趣租屋的地段裡房屋的面積、設備、屋齡，以及與其相應的租金行情等詳細資訊，因此對擅長收集資訊的顧客來說，推銷是沒有意義的。

這家房仲就是注意到這件事，認為最新最豐富的資訊才能吸引到顧客，並將資源投注於資訊上，這正是最強的行銷。

有些管理者說自己非常重視「業務」，而且靠「業務」打出一片天，他們的書可以看，但不要盡信。「業務」只有人可以辦，但人是最花錢的設備，我認為，往後能靠「業務」過活的就只剩顧問業了。

世界瞬息萬變，行銷手法也不斷翻新，只要掌握行銷的基本概念，無論局勢如何改變，必定都能畫出含義深遠的一條線。

行銷是我的專業，有許多好書可以推薦，在此先精選出以下五本。

【學習行銷的推薦參考書】

◆**《定位：在眾聲喧嘩的市場裡，進駐消費者心靈的最佳方法》**（艾爾・賴茲、傑克・屈特著，臉譜出版）

兩位世界級行銷策略大師的經典名著終於再版，即使這本書頗有歷史，內容依然歷久彌新。本書強調，要利用消費者腦中的認知，來建立商品與消費者的關係，以及商品在消費者心中的地位，這就是所謂的「定位」。如主打「Think Small」而大獲成功的福斯金龜車，以及嬌生的「嬰兒沐浴乳」都是很具體易懂的例子。

◆**《焦點法則》**（艾爾・賴茲著，臉譜出版）

本書主張商品的項目要聚焦才能獲利，並以資料證實多元化、大規模經營的結果，不僅會降低獲利率，還會降低獲利額度，是本讀來令人興味盎然的書。

◆**《實證廣告法則》**[11]（John Caples 著，Prentice Hall 出版）

廣告詞是行銷的重點之一，而本書正是廣告詞的聖經。著有《一個廣告人的自白》的「廣告之父」大衛・奧格威（David Mackenzie Oglivy），以及本書日譯版的審訂神田昌典，都深受影響。有實証分析的廣告詞參考書並不多，本書難得以實例解釋訴求重點的重要性，以及檢視案例的成果。

◆《酷》[12]（Steven Quarts、Anette Asp 著，Farrar, Straus and Giroux 出版）

我在寫作本書時看了這本好書，書中討論社會認為「酷」的事情為什麼酷？以及要怎麼做才能變得「酷」？從價格與「資訊成本」的觀點，探討人腦以什麼條件來判定「酷」？有個段落看了不僅想畫線，甚至想畫個大圈圈，至於是哪裡，在本書最後一部分可見分曉。

◆《行銷管理》（菲利浦．科特勒、凱文．凱勒著，華泰文化出版）

本書為一千頁以上的巨作，同時也是非讀不可的教科書。目前中文已經有第十五版，雖然管理之神科特勒在資訊化時代有些乏力，但加上了品牌管理大師凱勒的補充便趨近完美。看了本書必定能理解 Zappos、Uber、Airbnb 等新品牌為何大紅大紫。

原本得去美國實地考察的案例，現在只要花幾百元買本書就能讀到，怎麼能錯過！

4 營運

目標是營運大師！

營運（operation）對我來說就是「基層人員的行動」。只要營運品質夠優秀，便能建立競爭優勢。

前陣子我去了連鎖居酒屋「塚田農場」。我經常會前往成功企業的基層現場觀察營運方式，尤其是零售業與服務業，因為可以親身接觸，沒理由不去。

塚田農場的營運果然名不虛傳。

店裡每位員工都笑容滿面，連客人離開都送得恭敬，服務好態度佳。為何每位員工都能親切待客？絕對不是因為老闆逼著員工笑臉迎人，而是有高超的營運手法，讓員工做事有效率且充滿自信，並認同工作的價值，才能做到。我想這就是其他連鎖居酒屋無法輕易模仿的競爭優勢。

如上一節所說，之前提過的許多策略終究都無法維持長久的差異性，但塚田農場有著優秀的營運手法，並非一朝一夕能模仿得來。老闆今天命令員工要積極熱情，讓顧客賓至如歸，也不是明天就能達成的事情。

我們身邊還有許多類似的例子。

為何 7-11 會成為便利超商之王？

為何優衣庫能以製造零售業進軍全球？

想知道這些祕密，請立刻前往門市觀察員工的行動與商品的擺設。

要學習優秀的營運手法，最棒的範例就是「豐田汽車」。世界上有數不清的汽車廠，就只有豐田長年穩坐霸主寶座。

說實話，我並不認為豐田生產的車輛性能本身與其他廠牌有什麼決定性的差異，就算真有差別，也不會差太多。豐田汽車之所以能獲得決定性的優勢，是因為有著優秀的營運手法，隨著時代演進，以相同成本提供更高品質，以及更多元的選擇。

同樣擁有一份資源，緊實精緻的企業，就是比肥大累贅的企業更能快速又便宜地提供產品。

另外，只要將「戰場」鎖定在自家會賺錢、而對手會虧錢的領域上，對手便不得不收手。豐田和優衣庫在這方面的營運手法都可號稱全球之冠。

在學習企業範例時，從營運觀點觀察企業，便能找出企業壯大的真正原因。

【學習營運的推薦參考書】

◆**《目標》**（高德拉特著，天下文化出版）

本書頁數雖多，但因為是本小說，所以很容易讀。重點在於TOC制約法（Theory of Constraints）。只要優先排除「瓶頸」（bottle neck）部位，便能提升關鍵的整體「產能」（throghput）。

若不先改善產能最低的部分，那麼整體營運的產能與輸出就不會提升，導致獲利低迷。放著最差的部分不管，其他部分再怎麼提升都只是徒勞；無論怎麼提升強項，都無法達成整體最佳化。

本書指出的這個重要觀點，大企業員工特別容易忽略。

◆《追求超脫規模的經營：大野耐一談豐田生產方式》（大野耐一著，中衛出版）

要學習營運的相關知識，只要看前面提的《目標》和本書就已足夠。本書就是如此了不起的經典。雖然一九八七年就出了第一版，但作者曾任豐田副社長，創造了豐田的招牌營運手法，無論技術如何演變，他的思想與論點依然不朽，並影響各大產業。為何這本書如此偉大？因為是創造者親自講述而成。其中「列舉浪費」更是本書所述「有條列出策略的書就是好書」的經典範例。

5 管理與領導

了解管理與領導的「差異」！

人們經常把管理與領導混為一談，實際上兩者並不相同，而且區分明確。要學習這個領域之前，務必了解兩者是不一樣的概念。領導就是提出願景並指示方向，管理則是按照字面上的意思「管理」的人，為了往領導者指示的方向前進，把組織整合起來的人。

管理與領導的職責也是百分之百的不同，後面介紹的參考書《你必須知道的一件事》[13]就是清楚說明這件事的好書，以下節錄幾個重點。

優秀的管理者知道自己的唯一選項是服從領導者，且必須從「下屬的心情」開始管理。

然而領導者不會安於現狀，現實與想像的衝突，會激發起領導者往前衝刺的鬥志。

所以管理者看的是組織與下屬，領導者則是看未來。

因此，優秀的管理者是謙虛的，優秀的領導者絕對不謙虛，孫正義和三木谷浩史就是標準的領導者。

一般人容易混淆管理與領導的角色與職責，是因為公司通常將兩者的任務搞混，而且有許多中階主管被迫同時扛下這兩種責任。

但只要分清楚兩者的差異，便能理解自己屬於哪一種人，缺乏哪些特質，更不會感慨自己公司的經營者老是「強人所難」。畢竟經營公司的不是管理者，而是領導者，領導者要看未來，當然會強人所難。

讀者在商業書上畫線時，請先釐清自己重視的是領導或管理，閱讀的目標是成為管理者或領導者。以下是我特別推薦的名著。

【學習管理與領導的推薦參考書】

◆**《組織行為學》**（Stephen P. Robbins 著，華泰文化出版）

這是全球最熱門的組織行為學教科書，中文目前為第十五版。在讀所有管理學之前務必要先讀這本書，書中提及多位經理人的個人經驗，相當精彩。另外也根據組織行為學分析個人的行為與動機，讀過之後對管理必定有不同看法。

書中同時說明哪些人適合當管理者，可用來判斷自己與他人適合管理或領導，兼具實用價值。

◆**《你必須知道的一件事》**（Marcus Buckingham 著，Simon + Schuster Uk 出版）

作者馬克斯．巴金漢曾任職於美國知名的蓋勒普民調公司，曾以《發現你的天才》一書廣為人知。巴金漢長年以來調查頂尖企業的領導者與管理者，將優秀領導者／管理者的資質、心態、技術等整理成書，並建議兩者該採取什麼行為。

◆**《馬斯洛人性管理經典》**（馬斯洛、史蒂芬絲、海爾著，商周出版）

馬斯洛是心理學大師，提倡「自我實現」概念，本書正是他的名作之一，連杜拉克等管理學大師也推薦此書。本書內容基本上以領導為主，從心理學角度說明哪些人適合領導，可以讓讀者自我檢視。本書同時也向讀者傳達一個嚴峻的事實：能夠自我實現的人並不多。

◆《從A到A+》（詹姆．柯林斯著，遠流）

本書為系列作，尤其推薦《從A到A+》這一本，其中研究爆發成長的企業而提出「第五級領導」的概念，極為重要。有趣的是，研究發現，近現代日式領導人的成就，比同時期的美式領導人更傑出。

6 商品研發

「好東西」會與時俱進！

消費者心中對「好東西」的定義會與時俱進。

讀者因為想知道當今成功的產品有什麼祕密而讀商業書，如果先了解「好東西的定義會與時俱進」，讀書的心得也會有所不同。就算從某些案例上學到商品成功熱銷的原因，隨著時間過去，其中某些商品早已落伍，但另一方面，有些商品則是蘊含亙古不變的真理。

與其對曾經成功但早已落伍的範例畫線，還不如別看這本書來得好。

我會以日本知名的「我的有限公司」（旗下有「我的義大利餐廳」等產品）為例，在第六章深入探討這個問題。

成功的企業都有自家研發的熱門商品，像是日清食品的杯麵，伊勢名物的赤福，這些商品讓企業本身歷久不衰，若沒有這樣的商品，企業本身可能也不復存在。無論時代如何流轉，這種長青商品依然受到消費大眾喜愛。

有些「好東西」會隨著時代改變，有些「好東西」則歷久不衰，你的公司推出的商品，屬於哪一種？如果無法抓準這個答案，公司不久之後必定會面臨險境。以下介紹兩本名著。

【學習商品研發的推薦參考書】

◆**《IDEA物語》**（湯姆．凱利著，大塊文化出版）

作者是知名設計顧問公司IDEO的總經理，在本書中講述觀察對商品研發的重要性與必要性，因觀察結果改變了購物車設計的例子格外有趣。本書說明了商品研發的重要性。

◆**《酷》**（Steven Quarts、Anette Asp著，Farrar, Straus and Giroux出版）

前面論及行銷時也推薦過，本書原來就是在談商品研發，並闡述「酷」的定義會與時俱進。其中「研發商品的資訊成本高昂，就是其價值所在」這句話有如醍醐灌頂，讓讀者了解，商品的故事如何能夠增加銷量。

7 統計
懂得怎麼讀資料就能預測趨勢！

對沒有學過統計學的人來說，統計想必是門令人頭痛的學問。學會統計最大的優點，就是能夠「預測未來」。傑夫．貝佐斯為什麼寧願拋棄投顧銀行副總裁的高薪工作，自立門戶創立了亞馬遜？因為他看了網路成長的統計資料，預測往後將是電子商務的時代。分析資料判讀未來，不僅改變了他的人生，更改變了整個世界。

某個現象，是短暫熱潮或者未來趨勢？

眼前的某個故事，有沒有資料可以佐證？

判斷這些問題的工具，就是統計學。無論是政治、經濟、自然現象，甚至運動比賽，都可以從資料中找出有意義的關係，並據此進行分析。無論你有多少技術與工具，收集了多少大數據，無法從中看出事實，就不會有什麼成果。

但我也沒要求你打起精神，忍住頭痛去學習統計學。

因為我們並不想成為統計專家，只要有高中甚至大學的初級統計學知識就足夠。重點是培養出統計學的感覺，在利用統計的時候不至於犯錯。

【學習統計的推薦參考書】

◆**《第一次接觸統計學》**14（鳥居泰彥著，日本經濟新聞出版社）

這是日本大專院校普遍首選的統計學入門教科書，最適合重新學統計學的商務人士。

本書於一九九四年發行第一版，其中有些較過時的內容如泡沫經濟崩潰等，但本質不變，價格又便宜，我看過之後願意出雙倍價來買。

◆**《精準預測：如何從巨量雜訊中，看出重要的訊息？》**（奈特．席佛著，三采出版）

這是近期最優秀的統計學書籍之一，告訴你在龐大資訊中哪些是有助於預測未來的「訊號」，哪些是打亂預測的「雜訊」。

作者在美國總統大選時正確估出四十九個州的開票結果，參議院選舉則全數測中。

書中提到「優秀的棒球預測系統必須滿足三個條件，第一是說明選手資料的來源，第二是能區分運氣與實力，第三是考慮選手的實力隨年齡改變（年齡曲線）」令我相當振奮。另外像是「高收入的人愛看電視」，其實只是年紀大的人在看電視，年紀大的人收入普遍較高，所以才有這種推論。這本參考書可以使你的統計學感覺更敏銳，預估更加準確。

8 經濟
了解「完美市場」概念就能掌握商機！

最後是經濟，也就是經濟學。

懂得經濟學對我們有益無害，可說是普世價值，但經濟學涵蓋太過廣泛，學起來相當費時，甚至現在也有許多知名商務人士瞧不起經濟學，認為只是紙上談兵的空泛理論，實際上並非如此。

從「需求與供給」這個基本概念開始切入，如果能更進一步理解「完美市場」的概念，就能判斷哪些商業模式會賺錢，哪些不會賺錢。

首先是「需求與供給」。如果不懂這個概念，便無法掌握經營的大重點之一：定價。知名企業家稻盛和夫就曾說過「定價即經營」。

當需求高而供給低，價格就要提升；需求低而供給高，價格就會下降。問題是供不應求的時候該怎麼定出適當價格？定得太低，就會損失利潤。

比方說出版業特別容易落入這個陷阱，本書不斷重申「商業書很便宜」，不只是說說自己的想法，而是實際的現象。

我知道有本事的人讀了商業書並實踐其中的手法，可以獲利數十萬，那麼這本書即使賣上千或上萬元，對讀者來說也是便宜。

但出版社並沒有這麼定價，價值連城的好書卻便宜賣，因為出版社是從版稅與印刷成本來反推售價，一本書不過幾百元，實在浪費至極，出版業若能了解「需求與供給」，就不會發生這種事。

除了出版社之外，製造商也很容易落入「砍成本」的陷阱，大家都明白提升五％的售價比降低五％的成本更賺錢，問題是，該怎麼成功提高售價？

從經濟學中學到的另一個重要概念是「完美市場」，「完美市場」的定義就是所有賣家與買家的條件都相同，因此一時之間完全沒有供需不均的問題，所有消費者與生產者都無法自行決定價格。當所有人的底牌都攤開，便沒人能喊價，只要「完美市場」成立，所有商品都是不二價，利潤也趨近於零。

因此，公司做生意的時候要盡力遠離「完美市場」狀態，離得愈遠，獲利就會愈高。遠離完美市場的重點是不做相同產品，不洩漏資訊，獨佔製造技術，千萬不能削價競爭。

經濟學就是能教我們這件事。

【學習經濟的推薦參考書】

◆**《恍然大悟的經濟會議》**15（佐藤雅彥、竹中平藏著，日本經濟新聞出版社，日經商務人文庫）

若你覺得經濟學太過廣泛繁瑣、不知從何學起，我推薦從此書開始讀。活躍優秀的廣告製作人佐藤雅彥，對經濟學大師竹中平藏提出直白而精準的問題，由竹中以淺顯易懂的方式一一回答。以對話形式呈現，因此非常平易近人。

◆**《10小時速成！東大教授教你用得到的經濟學》**（井堀利宏著，先覺）

雖然這是我的第二本推薦書，但若你對經濟學不排斥，本書為首選。這是二〇一六年的日本暢銷書，顧名思義，可幫助你在短時間內掌握大學經濟學的精華。

◆**《經濟學原理》**16（N. Gregory Mankiw 著，South-Western College Pub. 出版）

若要鑽研正規經濟學，史迪格里茲（Joseph Eugene Stiglitz）當然是一時之選，但曼昆的文筆較平易近人，評價也很好。總體經濟學與個體經濟學都很重要，但若要做獨門生意，建議先從個體經濟學開始學習。

單一時期可以聚焦單一領域

以上介紹的八項部分練習，雖略嫌快速，但也可說是做了概略的總結。讀者應該能夠據此想像一下自己該做哪些部分練習。

這八項可以依序來學，但若現在有特別在意的項目，或不得不學的項目，當然可以暫時聚焦單一領域。想學行銷的時候，沒必要分心去讀會計或統計等其他書籍。

這麼說也許重複了，以上推薦的書，也沒必要全部讀完，如果其中只有二十頁深得你心，反覆讀這二十頁也是可行，讀得愈多理解就愈深。

當你聚焦於某個領域閱讀之後，接著請增加閱讀的「廣度」。

比方說你獲得一定程度的行銷知識，就會想接觸更多打動人心的元素。那麼你讀廣告之父奧格威的《一個廣告人的自白》[17]，或者《一句入魂的傳達力》[18]，就會比學過行銷之前有更深的感悟。接下來，便更想往外擴展閱讀的範圍，這就是「增加廣度」的奧義所在。

拓展廣度之後，也可以回頭讀之前讀過的名著。

別以為讀了很多次就已經完全吸收，有時你就是會在沒畫過線的地方畫線。重讀一次也會有不同的感想。

這是因為，你比上次閱讀時成長許多，在反覆的部分練習之後，能力就往上提升了。

好書值得一讀再讀，希望你能多讀幾次，每次都試著畫出一條新的線。

【編者註】

1. *Practice Perfect: 42 Rules for Getting Better at Getting Better*，by Doug Lemov, Erica Woolway, Katie Yezzi，Jossey-Bass。日文譯本為《成功する練習の法則》，日本經濟新聞出版。本書目前無繁體中文譯本。
2. 《MBAエッセンシャルズ》，內田學著，東洋經濟新聞社出版。本書目前無繁體中文譯本。
3. 《分類思考の世界》，三中信宏著，講談社出版。本書目前無繁體中文譯本。
4. 《決算書がおもしろいほどわかる本》，石島洋一著，PHP研究所出版。本書目前無繁體中文譯本。

5.《一生モノのファイナンス入門》，朝倉智也著，鑽石社出版。本書目前無繁體中文譯本。

6.《財務諸表分析》，桜井久勝著，中央經濟社出版。本書目前無繁體中文譯本。

7.《藍海策略：再創無人競爭的全新市場》，金偉燦、莫伯尼著，天下文化出版。

8. *Free: How Today's Smartest Businesses Profit by Giving Something for Nothing*, by Chris Anderson, Hachette Books. 日文譯本為《フリー〈無料〉からお金を生みだす新戦略》，日本放送出版協會出版。本書目前無繁體中文譯本。

9.《海都物語》（上）、（下），塩野七生著，三民出版。

10.《下一個100年：21世紀全球政治、經濟、資源、太空戰爭策略大布局》，喬治・弗列德曼著，木馬文化出版。

11. *Tested Advertising Methods*, by John Caples, Prentice Hall. 日文譯本為《ザ・コピーライティング》，鑽石社出版。本書目前無繁體中文譯本。

12. *Cool: How the Brain's Hidden Quest for Cool Drives Our Economy and Shapes Our World*, by Steven Quarts & Anette Asp, Farrar, Straus and Giroux Press. 日文譯本為《クール　脳はなぜ「かっこいい」を買ってしまうのか》，日本經濟新聞出版社出版。本書目前無繁體中文譯本。

13. *One thing You Need To Know*, by Marcus Buckingham，Simon + Schuster Uk. 日文譯本為《最高のリーダー、マネージャーがいつも考えているたったひとつのこと》，日本經濟新聞出版社出版。本書目前無繁體中文譯本。

14. 日文原書名為《はじめての統計学》，本書目前無繁體中文譯本。

15. 日文原書名為《経済ってそういうことだったのか会議》，本書目前無繁體中文譯本。

16. *Principles of Economics* (Mankiw's Principles of Economics), by N. Gregory Mankiw, South-Western College Pub. 繁體中文編譯版可參考《經濟學原理》，王銘正譯著，高立圖書出版。

17. *Confessions of an Advertising man*, by David Ogilvy, Southbank Publishing. 日文譯本為《ある広告人の自白》，海與月社出版。本書目前無繁體中文譯本。

18.《一句入魂的傳達力：掌握關鍵十個字，讓別人馬上聽你的、立刻記住你》，佐佐木圭一著，大是文化出版。

第4章

別看「結果」，要看「原因」

「原因」要畫線！

假設某本書中有一句話是「○○公司連續二十年獲利成長」，你覺得很了不起而在旁邊畫線，連續二十年獲利成長也確實很了不起。

但話說回來，在這段話旁邊畫線對你毫無助益，這只不過是「結果」，重點在於這家公司為何能連續成長二十年的「原因」。

是因為有優秀的暢銷產品？若是，為何能創造這項產品？公司如何培育人才？哪些部分是其他公司學不來的？

為何？如何？

在閱讀同時不斷探索成功的「原因」，書裡總會提及一兩個最關鍵的部分，找到這關鍵才要畫線，然後反覆思考自己該如何運用這關鍵。

假設書上寫「公司增加業務員人數，所以營業額增加」，不代表你的公司也要照做，因為增加業務員人數只是「結果」。這家公司為何要增加業務員？真的是因為增加業務員才增加營業額？或是有其他原因？實際的獲利如何？這些都要查清楚。如果不查清楚，只看了增加業務員的「結果」就照抄，必定會被龐大人事費用壓垮。

我在寫這本書時，鈴木一朗選手在大聯盟創下三千支安打的紀錄，實在非常了不起。若你是個一流商務人士，只是讚賞這個「結果」，並不會學到任何東西。鈴木一朗為何能不斷創紀錄？他如何維持最佳的身心狀態？為何換了球隊依然能夠拿出好成果，不至於水土不服？一流商務人士必須反覆思考各種「原因」，試圖從中找出能納為己用之處。

有時你試圖找出「原因」，但並不代表原因正確，也不保證會獲得想要的「結果」。但你仍要習慣去想「原因」，提出假設，總有一天，自然能在自己的事業上找出順利導出「結果」的「原因」。有了思考的習慣之後，只需要身體力行，不斷地思考與執行，必能獲得想要的「結果」。

這時你或許會想：

「原因哪有這麼好找？」

沒錯，找原因可不是容易的事情，但只要記得一個關鍵詞，就能提升找原因的直覺，關鍵詞就是「第一瓶」。

原因就是保齡球的「第一瓶」

我念大學時讀過 Goodwill 集團創辦人折口雅博的著作《創業的條件》[1]，其中就提到「第一瓶理論」，這正是我發現自己倒因為果的契機。

保齡球要打十支球瓶，正中央最前面的一支稱為第一瓶（center pin），想打出全倒一定得命中這支球瓶。無論你投的球有多快，角度多漂亮，沒打中第一瓶就不會全倒。

做生意也一樣，「原因」就是「第一瓶」，千萬不能打偏，不知道第一瓶在哪裡就不會成功。

每個行業的「第一瓶」都不同

每個行業的第一瓶大不相同。

各行各業的第一瓶在哪？

製造商：暢銷商品

經銷商：強力的下游數量

零售商：品項

以上只是我個人的看法，實際上當然還有許多因素要考慮，請讀者當作思考的起點來看即可。

在思考「製造商」、「經銷商」、「零售商」的第一瓶之前，請先思考你正在閱讀的這本書所屬的產業，會比較容易理解。我們試著來找出版業的第一瓶。

出版業的第一瓶

出版社是書本的「製造商」。

製造書本當然不像製造汽車或家電，出版社不需要有印刷裝訂設備，只要發包給印刷廠、裝訂廠、倉儲公司就好，嚴格來說不能算製造商。但日本在二〇〇二年之前確實將出版社列為第二級產業，也就是「製造業」（目前則列入第三級產業，資訊通訊業）。

出版社所「生產」的書本會批發給經銷商，然後轉賣給零售商（書店），最後賣到消費者手上。

出版社既然是製造商，第一瓶就是「暢銷產品」，只要出版一本暢銷書就會增產，也是就是「再版」或「再刷」。一本書的初期成本如生產書中資訊所需的費用，以及排版設計費用等，幾乎都能在發行第一版時回收，所以再版愈多次，獲利率就愈高。出版社就是靠暢銷書來賺錢，所以總是在思考怎麼增加暢銷書。

接著來看看「經銷商」。

各位是否聽過東販、日販（日本出版販售）等名號？只要仔細觀察書店，不難發現進書紙箱上印著這些公司的名號，或許就連輕度讀者也會注意到。

其實全日本幾乎所有書店都是向經銷商進書，而且是透過經銷商的倉儲物流來進書，包括我所寫的這本書。

經銷商也希望出版社推出暢銷書，但暢銷書並非他們的第一瓶。經銷商的第一瓶在於下游賣書的書店有沒有「銷售能量」，也就是要掌握「擅長賣書的書店」，或各通路擅長賣的類型。

其實經銷商也需要擅長賣東西的製造商，經銷商只要獨家簽下擅於推出暢銷商品的製造商，那麼製造商產量愈高，經銷商的獲利就愈漂亮。然而出版社基本上會與所有經銷商合作，因此經銷商無法獨家代理某本書。

最後，「零售業」（書店）的第一瓶，就是「品項」。

想想你為何在某間書店買書就會懂了。

住家或公司附近的書店，因為距離近、購物方便，品項種類也還算可以，買普通的書正好；但若要買較罕見的書，你還是會不辭辛勞跑大型書店。

或者有些在地書店精心選書，深獲你心，如同前面提到的澤屋書店。又或者，現代人愈來愈不去實體書店，直接從品項豐富的網路書店如亞馬遜訂書。

總之零售商最重視「品項」，品項才是終端消費者「讀者」決定在哪裡買書的關鍵。

光是一本書，製造商、經銷商、零售商三者的第一瓶也各不相同。相同產業中的不同行業有不同思維，也因此會有利害衝突。

其他產業也是如此。

你是哪個行業的人？

其中的第一瓶在哪裡？

嬌聯邁向國際的祕訣

我們以「製造商」和「零售商」來舉例，繼續深入探討第一瓶的概念。

首先來看日本傲視全球的消費性產品製造商「嬌聯」，即使日本經濟低迷，嬌聯的業績依然持續成長。

嬌聯的中興功臣高原豪久著有《嬌聯式栽培自我的技術》，我們就從這本書來探討。本書定義嬌聯是「成功進軍海外的消費性產品製造商」，由此可知它的第一瓶在於「管理」。

既然嬌聯是巨大企業，第一瓶當然在於「暢銷商品」，但要理解嬌聯成功的意義，關鍵在於下面這句話：

「消費性產品沒有國界。」

無論日本人，其他亞洲人，白人黑人，老人嬰兒，都一樣要尿尿。

因此，一家公司能夠製造出優良的消費性產品，就能去挑戰全世界的市場。因為消耗品在使用上比較沒有語言隔閡，按照文化習俗予以客製化的空間也很小。

進軍國際時的重點就是「跨國管理」，避免各地分公司形成多頭馬車。像寶僑與金百利這些成功的消費性產品製造商也是如此，無論總公司所在國家的景氣是好是壞，公司都能成長，股價依然持續上升。

高原當上嬌聯社長後，十五年間營業額增加了大約三倍，比對同時期的日本經濟狀況，就可以理解這是多麼了不起的成就。

因此，一個商業書讀者務必理解，高原為了貫徹全球化，採取了哪些管理手法，又是如何在短時間內培育出能行遍全球的好人才，這就是嬌聯成功的「原因」之一。

這本書介紹了這些實際的訣竅，比方說嬌聯的最小管理單位為「星期」，最大的好處就是每年會有五十二次的ＰＤＣＡ（Plan-Do-Check-Act，目標管理）循環；以及泰國稻米一年三作，所以每年的產量與知識累積是日本的三倍等，這些都是了不起的智慧。

嬌聯的第一瓶在於「管理」。如果被書名「栽培自我的技術」搞混，以為這是心靈啟發書，就會錯過這項重點。

成城石井的「ABC」零售策略

接著來看「零售業」，這裡要介紹的例子是知名連鎖高級超市「成城石井」。成城石井既然是零售業，第一瓶當然是「品項」。因此我在讀《成城石井的創業》的時候，把以下這段核心理念畫了線。

「我的工作是先把商品分成ABC三級，但不主打A級貨，而是努力販售B、C級貨。我會把A、B、C都放在一起，C級貨物以稀為貴，但賣得不多。若C級貨能賣得好，顧客就會順手購買其他商品。」

A級貨是所謂的「暢銷貨」。

B級貨是「賣相普通貨」。

C級貨是「別無分號貨」。

大多數零售商當然都會賣A級貨，賣這種商品無法製造差異，但要創造業績也少不了它。

C級貨則是「不到成城石井就買不到」的商品，既然只有成城石井才買得到，想要這些東西的人當然得上門，一上門，就會看到許多陌生的C級貨。如此一來，在成城石井購物就變成一種享受，順便買了些A級貨，即使價格稍微高過其他業者也無所謂。

C級貨在成城石井暢銷之後會引發討論，競爭對手接連採買，讓C級貨轉為B級貨，所以成城石井營運的一大重點，就是不斷尋找新的C級貨。只要掌握「品項」這支第一瓶，讀起書來就會有上述心得。

石井良明說，他無論多麼相信上游廠商，進貨之前都得先親自評鑑，可見他對品項有多堅持，這也是成城石井能在日本高級住宅區打響名號的原因之一。

「賣半成品」也是相當耐人尋味的一招，這裡說的半成品是稍微調理之後便能食用的配菜。成城石井的客群是高收入族群，當然知道簡易小菜的重要性。雖然現在日本人已經不抗拒微波加熱的冷凍配菜，但有段時間的日本主婦即使忙不過來，還是希望能動手做菜，否則會有「叫外賣了事」的罪惡感。因此，成城石井推出了配菜半成品，讓顧客只要執行最後一道程序如炸、烤、煎等，完全征服了搖擺在便利性與罪惡感之間的主婦們，這也是成城石井特有的品項思維。

《成城石井的創業》和前面嬌聯那本書一樣，容易被書名欺騙，誤以為內容是創辦人的感人創業祕辛，這會讓你畫不到重點。你該從書中解讀的，是「原因」。零售業的第一瓶在於「品項」，作者為了達成完美的品項配置，是怎麼想的？用什麼方法做到的？

也有企業掉入「ABC陷阱」

讀了《成城石井的創業》之後，「ABC分析」令我印象深刻，尤其是C級貨的重要性與價值，這突然讓我想到另外一家企業，也就是角川（KADOKAWA）。ABC分析讓企業了解，短期內效率最好做法就是「多賣A級貨」，另一方面，就會減少對營業額貢獻度低的C級貨。但這裡隱藏了一個陷阱，角川就是跌落這個陷阱的公司。

角川書店在二〇一三年合併了角川集團旗下所有出版社，形成大型出版社角川，角川的母公司則與DWANGO合併為「角川股份有限公司」（舊稱KADOKAWA・DWANGO）。

被合併的出版社包括Ascii Mediaworks、EnterBrain、Media Factory、角川雜誌、角川學藝出版、富士見書房等，而我要特別提到的是中經出版。

以上企業現在都歸在角川旗下。

中經出版在一九九九年出版《輕鬆看懂經濟新聞》[2]，是日本史上第一本能夠賣出百萬本的經濟書，除此之外也出版了許多相當有貢獻的商業書。

然而商業書是很難預測暢銷書的區塊，對角川這種大企業來說，容易預測是否暢銷的漫畫、和已有銷售實績的作家寫的小說，遠比商業書容易操作，所以商業書就成了C級貨。

角川吸收了許多出版社，整合業務單位減少人力成本，追求短期的效率與獲利，結果就是拋棄了C級貨，令我這個期待優質商業書的讀者非常失望。

《從前言看日本名著》[3]系列引爆了一連串的前言潮，中經出版正是這股熱潮的幕後推手。第三章提到二〇一六年暢銷商業書《10小時速成！東大教授教你用得到的經濟學》，也是出自中經出版之手。

然而很少有人看了書名或作者，就猜到這本書會大賣。C級貨偶爾會大放異彩，吸引新顧客上門，若角川能注意到這點，想必會改善中長期的獲利，我會引頸期盼那天的到來。

金融業最愛「有錢人」

說完出版業之後來換個領域，請問以下這些行業的第一瓶是什麼？

- ・金融業＝（　　）
- ・餐廳＝（　　）
- ・主題樂園＝（　　）

金融業的第一瓶，不必多說，就是「拉攏有錢人」。

我與金融從業人員互動的時候，確實會深深感受到「金融從業人員接待有錢人才最有效率」。

證據在於，金融業的報酬算法是經手金額的百分比，無論多麼誠心誠意協助一百位百萬客戶而得到一億的業績，都比不上處理十一位千萬客戶。甚至只要有一位十億客戶，接待這位客戶得到的報酬，就遠遠超過前面所有的客戶了。

「金額就是一切」。

只要了解這支簡潔明瞭的第一瓶，就能看懂金融界的獨特文化與體制。

餐飲業的第一瓶

開餐廳的第一瓶，說穿了就是「口味」。

一家餐廳就算不怎麼乾淨，交通不方便，老闆態度不好，只要東西好吃，還是會有顧客上門。現在正是社群網站和美食評論的全盛時代，好不好吃瞬間就傳遍千里。

無論廣告詞寫得多好看，還是消費者和親友的評論比較可靠，好吃的東西就會有口碑，難吃的東西就會臭名遠播。

第一瓶就在於「口味」，騙不了人。

但既然是要吃下肚的東西，「衛生」也算是第一瓶的一部分。若是衛生不良引發食物中毒，政府就會開罰，店家也可能倒閉，所以店家在飲食衛生方面也應該投入成本。

「口味」就是一切。

只要了解這件事，就能掌握經營餐廳的第一要務就是構成口味的食材，接著會設法了解知名餐廳如何取得食材的「原因」。

如何取得好食材？要有銳利的眼光，要在市場裡找到賣好貨挺你的老闆，要掌握好的供應商，而前面提到的「我的有限公司」就是在這些方面都十分獨創而卓越，我會在第六章探討這件事情。

主題樂園屬於比較特殊的行業，它的第一瓶是什麼呢？我們以環球影城來舉例探討。

環球影城的「第一瓶」是什麼？

日本環球影城（USJ）在母公司行銷總監森岡毅的改造之下鹹魚翻身，他著有相當深奧的《機率思考戰略論》，以及另外一本較為淺顯易懂的入門書《雲霄飛車為何會倒退嚕？創意、行動、決斷力，日本環球影城谷底重生之路》[4]。

我在這本入門書裡面畫了一條線：

「盡力推升營業額。」

這句話有什麼重點？這表示，主題樂園的第一瓶在於「攬客」，也說明了USJ認為遊客人數正是樂園的命脈。

主題樂園可說是「固定成本的生意」。

主題樂園裡充滿了「設備」，遊樂設施全都是「機械」，除了建置過程要花錢，維護這些設備也需要持續投入一定的成本，更別提安全是第一優先。

同時，主題樂園需要廣大的土地，所以要負擔龐大的地價稅。

另外，當然還有龐大的人事費用。

這些成本絕大部分都是「固定成本」，因此，若無法拉抬「營業額」，企業就無法成長壯大。

如果是商店，只要多開設新分店就能提升營業額；如果是製造商，只要增加產量就好。

然而主題樂園需要完整又廣大的土地，開設新樂園或擴建皆屬不易，想要提升營業額唯一的方法就是「增加遊客數量」。

森岡徹底分析數據資料，努力招攬遊客，各種攬客手法詳實記錄在《雲霄飛車為何會倒退嚕？》之中，希望你閱讀時能試著在這些手法上畫線。

【編者註】

1.《起業の条件》，折口雅博著，經濟界出版。本書目前無繁體中文譯本。
2.《経済のニュースが面白いほどわかる本》，細野真宏著，中經出版。本書目前無繁體中文譯本。
3.《あらすじで読む日本の名著—近代日本文学の古典が2時間でわかる！》，小川義男著，中經出版。本書目前無繁體中文譯本。
4.《雲霄飛車為何會倒退嚕？創意、行動、決斷力，日本環球影城谷底重生之路》，森岡毅著，麥浩斯出版。

第5章

別製造「相同」，要製造「差異」

要怎麼讓口袋有錢的成年人掏錢來買

日本全國的愛書人，都知道位於東京代官山的「代官山蔦屋書店」，這是一家以書店為主的商業設施，也是蔦屋集團旗艦店，從二〇一一年開幕以來，一直門庭若市。

代官山彙集了走在時尚潮流尖端的商店，也是高收入族群聚集的住宅區，代官山蔦屋書店開在這裡，就是要打造一間不同凡響的高級書店，鎖定有錢有閒、又有一定教育水準的成年顧客。

日本所有大型書店都有擺放「漫畫」，但這間書店裡一本漫畫都沒有，因為漫畫單價低，讀者又以低年齡層為主，不適合這家書店的理念與經營策略。

這間書店的另外一個特色，就是營業時間到凌晨兩點。這個時間已經沒有電車，代表這裡鎖定開車來的顧客。顧客開車來，表示除了買書外還會買其他東西，不管買多少都不怕麻煩，只要放進車裡，就能帶回家。這種正向循環，都是門市規劃的巧思。

類似的討論，在這家書店開幕之初，已經有許多評論家說過了，我就不必多提。我只想說一句話：

「贏家就是創造差異。」

前面提過，代官山蔦屋書店就是鎖定「有錢有閒的成年人」的新潮書店，希望有錢的成人開車來逛書店，買一大堆東西並開車載回家，所以接下來要想的事情，就只剩怎麼吸引這些人上門。

我相信其中一個答案絕對是「停車場」。

以「停車場」決勝的書店

代官山蔦屋書店的停車場有許多巧思，都是為了吸引大量名車進駐。

比方說停車場入口的「票證機」，真是精緻小巧到極點，由於名車通常車體較寬，若是票證機體積太大，車主就得擔心車體受傷。名車車主經過停車場或收費站都會放慢速度避免刮車，所以票證機體積小巧，自然令人安心。

順利取得停車票證之後，地面上是可以停放一百二十輛車的寬廣停車場，地下室也不是機械停車場，而是平面停車場。不僅如此，每個停車格都非常寬敞，連法拉利這種車體寬、底盤低的車種也能安心停放。

日本的法拉利車主經常感慨：「日本沒有地方可以安心停車，每次開出門只能繞個圈又回家……」而代官山蔦屋書店，就為他們準備了可以安心停車的空間。

希望有錢有閒的人來光顧。

因此在停車場裡創造「差異」。

要贏得殘酷的競爭，必要條件之一就是創造「差異」。

本章的重點，就是要讀者透過閱讀，學習這些前輩如何創造「差異」，並運用在自己的身上。

「差異」來自於「搭配」

閱讀就是創造「差異」的行為，閱讀不僅要加深自己擅長的專業知識，還要接觸乍看之下與自己專長無關的知識，接著搭配組合。這很像愛德華・迪・波諾（Edward de Bono）推廣的水平思考，學會這個方式就能創造「差異」，打造出專屬競爭優勢。

我之所以在第三章推薦八招「部分練習」，也是在為本章的內容鋪路。代官山蔦屋書店正是將「書店」這個行業搭配上「富人行銷」，創造出其他書店模仿不來的關鍵「差異」。

接下來讓我出個考題。

假設你是位業務，學習溝通技術和擴充閒聊資料庫就相當重要，但只是如此，就無法創造出與其他業務之間的「差異」。那麼，你該多學些什麼？請思考之後再翻到下一段。

最強業務員會談「節稅」

業務負責人為何只看業務書？這是否會幫助你提升業績？或許比什麼都不看的對手要好一些，但也只是暫時的優勢。

業務負責人應該多看些業務之外的書。

例如行銷，心理學，或是經濟學如何分析誘因。

認真說起來真是沒完沒了，而只要學習不同領域的知識，業務員不必磕頭求客戶或賠本打折，客戶一樣會掏錢來買。

比方說保險業務員該額外學的知識，就是經營公司用的「會計」與「稅制」。通常企業買保險不只是因為擔心將來出事，更希望能夠「節稅」，所以當個懂稅制的業務員，便能向法人提出節稅方案。

請回想上一章提到的「金融業的第一瓶」，我說過那就是盡量拉攏有錢人，好抬高你的業績。

無論個人或企業，你要面對的就是一個人，再怎麼大的企業，也只有一個負責保險的窗口，只要搞定一個人，就能拿到全公司一萬名員工的保險合約，當然划算。

這時候「節稅」知識就很有幫助，若能向對方說明，買這份保險每年能節下多少稅，與其他保險業務員之間就有了「差異」。所以，保險業務員現在就應該讀的書，就是與租稅法有關的書籍。

保時捷是最佳的節稅工具!?

汽車業務員也是同一個道理。

遺憾的是，大多數的汽車業務員都沒學過稅制。汽車對法人或自營商來說都是必須折舊攤提的資產，汽車業務不懂這件事情真的很遺憾。

假設現在有一輛「中古保時捷」，了解稅制的企業主就會知道這可是「節稅聖品」。

保時捷在日本的中古車市場上轉售價格最高，一般車輛的二手價會隨著里程數與年份的增加而不斷降低，但保時捷卻仍舊熱門，二手價幾乎不會跌。

甚至有些熱門車款會如同「陳釀」般，二手車的價格反而比當初買新車還高。

對車主來說，四年車齡的中古保時捷幾乎可以原價脫手，所以節稅效果驚人。享受了保時捷的駕駛快感之後，用原價轉手賣出，不僅可以省稅金，還賺了好經驗，甚至有些車還能讓你賺錢。

如果你了解日本的這種文化，從「節稅」觀點推薦企業主購買中古保時捷，必定業績長紅。將「業務」與「稅制」兩種知識搭在一起，就能創造決定性的「差異」。

一門生意的「上游」是什麼？

如何為一門生意創造「差異」？在此我想介紹一個正面對決的方法，以下就是我心目中的真理：

水往低處流。

學習一門生意從上游到下游的全部流程，就能掌握該在哪個階段做點什麼變化，哪裡可以跳過，哪裡可以簡化，哪裡該繞道。

比方說運動這門生意的上游就是「明星選手」，無論是足球、棒球還是籃球，總要有球迷所熱愛的選手出場，比賽才有人看。

新商機就在異業的「上游」

俱樂部的經營方針，只有少部分身為商務人士的會員有興趣；而負責管理選手狀態的訓練員，也只有其他訓練員會注意他們的行程。

絕大多數看球賽的人只注意球員，所以運動生意的上游是「選手」，尤其是「明星選手」。明星選手在哪，球迷就在哪，如果想把運動生意做得好，首先就應該掌握明星選手。

記者芭芭拉．史密特（Barbara Smit）所寫的《運動鞋戰爭》[1]講述愛迪達與Puma兩家兄弟企業互有嫌隙，是如何挖角對方的明星選手，如何透過賄賂成為明星選手的贊助商。

書中提到球員打開置物櫃，裡面就放了一疊鈔票，雖然這段內容令人半信半疑，但明星選手確實就是品牌的門面，有明星就有業績。先不論做法是好是壞，至少兩家廠商都很了解運動生意的上游就在於明星選手。

接著來看看運動生意之中大快人心的佳話。在《為什麼法國人愛「百吉棒」？》一書中，提到了森永製菓的「嗨啾」軟糖在美國大聯盟大受歡迎的故事。這件事情起源於波士頓紅襪隊的投手田澤純一，他在小聯盟的時候不經意地帶著嗨啾軟糖當點心，其他隊友吃了後大獲好評，球隊大批買進，甚至零售商都來不及進貨，只好向美國的森永製菓分公司採買。

森永製菓發現機不可失，提供了大量的免費試吃品，最後當上贊助商。之後「嗨啾」軟糖的名氣傳到其他球隊，森永也因此成為許多球隊的贊助商。

現在去美國超市就會發現，收銀機旁邊都有放嗨啾軟糖，相當暢銷，至少我個人在紐約與舊金山所見皆是如此。

森永製菓掌握了難得的良機，創造出其他公司無法模仿的「差異」，成為「大聯盟球員喜愛的零食」。

「沾醬比豬排本身更重要」是真的嗎？

本章最後要提及創造「差異」所造成的可怕後果。日本曾經有位顧問說「炸豬排最重要的不是麵衣也不是肉，而是沾醬」，遺憾的是他的「差異」抓錯了重點。現代人注重肉的品質，而且也會選用好的炸油，沒有強調自家產品對健康的重視之處，只會被消費者嫌棄。

創造「差異」時，最怕的就是時代的價值觀突然改變。

假設在一個三餐都吃不飽的貧窮國家，肥胖的中年男性在此就是富裕的象徵；然而在美國或日本這樣的富裕國家，對肥胖中年男性的印象卻不好。當然，這其中隱含著偏見。

美國現在正風行素食餐廳，型男主廚也大受歡迎，這種風氣正慢慢吹到東京。再加上少醣減肥法的風行，這股飲食潮流想必即將爆發。

就連傳統上主打「便宜又大碗」的日本補習街，也有愈來愈多店家開始賣起低熱量的健康餐點。

「好東西」會與時俱進。

麥當勞剛登陸日本的時候，是美國經濟強盛的象徵，百分百純牛肉肯定營養滿分。但現在呢？還有多少日本人把麥當勞看成豐饒的美國夢？

創造「差異」原本就是在挑戰「好東西」的定義，一旦成功，便能創造新的「好東西」，卻沒人保證能持續多久。

我們只能多讀書，觀察社會動向，時常驗證自己創造的「差異」能否跟得上時代變化。

【編者註】

1. *Sneaker Wars: The Enemy Brothers Who Founded Adidas and Puma and the Family Feud That Forever Changed the Business of Sports*, by Barbara Smit, Harper Perennial. 日文譯本為《アディダスVSプーマ　もうひとつの代理戦争》，Random House 講談社出版。本書目前無繁體中文譯本。

第6章

別看「內容」，要看「背景」

一旦寫下「後悔受騙」的閱讀心得，代表你是三流人

最近網路上出現許多「嗆辣書評」。

不好看，不值這個錢，看不懂，被騙了……洋洋灑灑。如果有時間寫這種感想，不如快點讀下一本書。我從未見過任何成功人士花了幾百塊買下自己選的書，還要花時間把它罵得一文不值。

本書序文已經提過，商業書好不好看並不重要，因為商業書本身的特性就不在取悅讀者。

我也看過「書裡的內容我早就懂了」之類的評論，這也是令人遺憾。假設你看的是一本暢銷書，應該先確認該書的作者與編輯鎖定哪種程度的讀者。得意洋洋地說自己都懂了，代表你什麼都沒學到。真正一流的商務人士會從這個經驗中學到，這本書因為鎖定了怎樣的讀者群而暢銷。

學習終究是「類比」的行為，接觸不同世界的知識而納為己用，然後創造成

果，若你什麼類比的對象都找不到，代表你還不是一流的讀者。

若你認為一本書買錯了，被騙了，我建議換個想法。

欺騙也是商業書的本質之一，請試著思考「我為什麼會被騙？」「對方是用哪一招騙倒我？」我在此不怕被誤解地這麼說：做生意其實就是互相欺騙。

是書名取得好？

是封面設計漂亮？

是作者簡介太誘人？

是被廣告文案吸引？

是亞馬遜網站上的介紹文字夠巧妙？

思考這些問題能讓你學到「如何騙到人」，幾百塊的學費並不算貴，甚至可以說值回票價。我不是鼓吹人吃虧了就要幹壞事，而是從騙術中學得一些技巧，最終為了良善之事來使用它們，這就是商務人士的倫理。

從時下暢銷書可以學到什麼？

有些有影響力的書評家特別討厭暢銷書，甚至宣稱暢銷書都不該讀，我完全不懂這種心態。讀暢銷書有很大的意義，光是思考「它為何暢銷」就非常有價值。社會上有太多雜訊，同時也有暗示時代潮流的訊號，暢銷書有時就是寶貴的資訊，讀得巧便能快人一步掌握先機。

這本書為何成為暢銷書？答案很簡單，因為平時不讀書的人買了它，不是那些眉頭深鎖、咬文嚼字的評論家在買，而是普羅大眾在買，所以成為暢銷書。

你做生意的對象是評論家，還是普羅大眾？

若答案是「普羅大眾」，那就讀暢銷書來研究「為何會暢銷」。讀暢銷書不是讀它的內容，而是讀它為什麼暢銷，為什麼能引起普羅大眾的興趣，而行銷之目的，正是為了吸引普羅大眾。

即使看完整本書都畫不到線也沒關係，在「書本之外」畫線的概念也很重要，例如注意這本書的廣告、簡介、書名……，究竟是什麼讓它暢銷。

商業書之外的書也是如此，如果說東野圭吾的作品是目前最受歡迎的小說，那麼這些小說便成了最好的研究範本，讓你了解暢銷書消費族群的閱讀水準。

會計師山田真哉寫過一本百萬暢銷書《叫賣竹竿的小販為何不會倒？》[1]，有許多負面書評來自他的同行與會計承辦人。這些人大罵此書不值得專家來讀，水準太低，內容空洞……或許暢銷書都免不了會有這樣的書評吧。《東大特訓班》[2]以及《後段班辣妹應屆考上慶應大學的故事》[3]也遭到教育界人士的嚴厲批評。

這些書評看在我眼裡，都是嫉妒的產物。

正因為這本書不是給專業會計看的書，而是將專業知識一般化，寫給普羅大眾，才會成為暢銷書。再者，作者何時說過要寫給「專業會計」看？會寫這種書評的人，就是看了暢銷書才恍然大悟自己擅長的領域竟然還有金礦可以淘，淘金的人卻不是自己，才會眼紅批評。而這些人既然沒發現自己的嫉妒心，也就不會繼續成長了。

《東大特訓班》、《後段班辣妹應屆考上慶應大學的故事》都成功改變了市場。這種特殊的漫畫與小說，讓樣貌古板的參考書櫃位多了漫畫與辣妹封面，也因此格外顯眼。而且書中人物還能考上東大與慶應，學生可以放心向爸媽請款買書。作者獨自開創了新市場，那些批評書中內容的補習班老闆，有辦法像這些作者一樣開創新市場嗎？

當你說暢銷書水準太低，就是刻意放棄了「學習」的機會。既然大眾喜歡，必然有值得學習的地方，即使內容再怎麼空洞，它的行銷手法及暢銷之道也值得學習。

讓我再重申一次，書本不是只有「裡面」可以畫線，書本「外面」或許也有些東西值得畫線。

「勸學」是慶應義塾的文宣!?

近代日本第一本暢銷書應該要算福澤諭吉的《勸學》[4]。其中最有名的一句話就是「上天不造人上之人，亦不造人下之人」，有著建設國家的氣概，高喊推翻封建制度，宣揚文明開化，真是本千古名著。

但這本《勸學》其實有另一個面相，實不相瞞，它正是吸引學生就讀慶應義塾的「文宣」。

福澤是個啟蒙學者，同時也是日本第一個將「學校」商業化，且深化學習之重要性的經理人。

日本自古以來是個階級社會，士農工商地位分明。當封建時代告終，進入人人平等的時代後，便不再以階級區分高低，而是憑能力分出差異。認真讀書，就有機會往上爬，所以讀書便顯得重要。

福澤諭吉看出了這個趨勢，在宣揚理想的同時也不忘宣傳「各位要進慶應義塾讀書」。事實上，日本確實結束了封建社會，進入學歷社會，慶應義塾也隨之壯大，《勸學》正是時代轉變的象徵。

上天不造人上之人，亦不造人下之人。

如果只是為了這句話而感動，還不夠格成為一流商務人士。《勸學》最值得學習的地方是做生意的手法、行銷與品牌。擅長做生意的學者開辦學校，思考如何永續經營，結果，慶應的學校與品牌一百五十年來仍屹立不搖。

其實我也是畢業自慶應義塾大學，相當尊敬福澤諭吉。

從「我的義大利餐廳」可以學到什麼？

「我的有限公司」旗下經營「我的義大利餐廳」和「我的法國餐廳」，在立食（無座位）餐飲業界闖出一片天。

一般人認為「我的」旗下餐廳能夠成功，是因為顧客到立食餐廳用餐必定無法完全心滿意足，所以餐廳要降低價格，以獲得顧客支持。然而，這種看法誤判了本質。

之前提過餐飲業的第一瓶在於「口味」，口味不好，顧客必然不想上門。「我的」系列餐廳之所以門庭若市，當然是因為口味好，而且能夠「以低廉價格提供好口味」，這才是生意成功的關鍵。

創業家坂本孝在其著作《我的義大利餐廳　我的法國餐廳》[5]中，竟然將公司的商業模型整理成只有一頁的表格。

「我的」系列餐廳成功的原因，是精準掌握立食餐廳高翻桌率所帶來的損益平衡點。日本餐廳的原料成本通常在四〇％左右，「我的」系列餐廳超過六〇％，卻能靠著超高翻桌率達成獲利。翻桌率愈高，獲利的能力愈高，理論上，即使原料成本高達八八％，還是能靠著高翻桌率獲利。

假設一道餐點兩千日圓，成本一千兩百日圓（六〇％），甚至高達一千七百六十日圓（八八％）都還能賺錢，代表餐點的口味絕對大贏競爭對手。

顧客是站著吃或坐著吃都不重要，「好口味」才是成功達到高翻桌率的原因，「站著吃」只是實現翻桌率的方法。

反過來說，這個商業模式，只要翻桌率拉不上來就會立刻崩潰。

假設出現一個競爭對手，讓顧客即使坐著吃都能有高翻桌率，那麼「我的」系列餐廳便岌岌可危了。

想了解背景就要前往「現場」

我建議讀者不僅要讀書，還要親身驗證，我去「我的義大利餐廳」與「我的法國餐廳」，訝異地發現，店裡只有年輕客人。看到或沒看到這個景象，日後運用在自己生意上的做法就會有所差別。

Uber、Airbnb 這些先進的商業模式已經無人不知，但人們讚不絕口的這些服務，你是否實際使用過？很多事情得親身經驗才能知道，可不是聽人說說就能體會。

Uber派車要多久？當地有多少Uber駕駛？駕駛收入如何？加入Uber有何好處？頻繁使用的客戶有多少？叫輛車在路邊等車來的短暫空檔，你就會想到許多問題。

民宿網站Airbnb也是一樣，用過才知道這種商業模式多優秀，它最大的成功就在於「房源」，房源不是來自專業住宿設施，而是業餘人家。

由於屋主並非靠這間房賺錢，只是在沒有使用的時候出租，因此出租的定價可以低到與成本相同都沒關係，例如以該空房占整間房子租金的部分作為定價，也就是成本比高達一〇〇％，連「我的」系列餐廳都望塵莫及。甚至有人認為與其放著折舊，不如便宜出租以回收一點成本，因此可以用遠低於旅館飯店的價格，住到優質的房間。

閱讀商業書可以了解卓越商業模式的祕密。接著，要前往現場親身體驗，了解現實與書本之間的落差。長期訓練下來，你觀察世界的眼光將會截然不同。

你身邊是否也有一兩個「知人所不知」的優秀人物？他們一定都做過這樣的訓練，希望你也加入這個行列。

【編者註】

1.《叫賣竹竿的小販為何不會倒？》，山田真哉著，先覺出版。
2.《東大特訓班》，三田紀房著，台灣東販出版。為共計二十一集單行本的漫畫。
3.《後段班辣妹應屆考上慶應大學的故事》，坪田信貴著，圓神出版。
4.《勸學》，福澤諭吉著，五南出版。
5.《俺のイタリアン　俺のフレンチ》，坂本孝著，商業界出版。本書目前無繁體中文譯本。

第7章

來挑戰「學養」！

「背單字天才」所做的事

我個人相當尊敬ＮＨＫ廣播節目「實用商業美語」的講師杉田敏，由ＮＨＫ出版所發行的《實用商業美語》[1]，更是絕對值得推薦的高級英語教材。

這位商業英語高手杉田老師有個驚人的特技，任何背過的英文單字，他絕對不會忘記。

你可以說他是記憶天才，而杉田則說，他只是對新單字的知識與意涵充滿興趣，所以印象深刻。

我認為這正是提升學養、智識時應有的態度。有些講師只是大概背了些單字，就用破綻百出、似是而非的英文行走天下，對談的人只要聽聽語法與字彙，便能分辨出這個人實際的英文水準如何。

有智慧的對話，是展現自己的學養並探得他人的學養，以英文來說必定要增加字彙才能達到這個境界。

在英語之外亦是如此。

滿足求知慾那刻，總是令人興奮。一個短短的字彙，便能夠向對方傳達某個「意涵」。想接近杉田老師的境界，很重要的一點便是隨時保持求知慾與好奇心，讓腦袋保持著海綿的狀態。

本章要來探討如何提升「學養」。

「求知慾」是否能勝過「恐懼」？

人要邁向陌生的世界時總會感到恐懼，若這個世界是自己不拿手的知識領域，或艱澀的書籍，更是令人裹足不前。你是否有過無法理解，半途受挫的經驗？是不是覺得強化拿手領域更輕鬆？這些想法令人不敢前往荒野探索。

然而，想要成為一流人物，就必須讓探索新世界的渴望與求知慾，勝過你當前的恐懼。

日本國會圖書館收藏超過四千萬冊以上的圖書資料，每一本的編輯與作者都是為了向讀者傳遞某些訊息而留下作品，眼前有堆積如山的未知之事，難道不令人興奮不已嗎？請提升你的好奇心去挑戰未知，未知的那一頭便是「學養」。

「錢」會被搶，但「智慧」搶不走

猶太人的歷史充滿苦難，所以有著知名的教誨：

「即使土地與財產搶得走，智慧與人脈搶不走。」

無論遭受虐待、洗劫、或身陷囹圄，只有智慧永遠可以帶在身上。猶太人長久以來沒有國家、四處流浪，所以頓悟了真正該投資且最可靠的資產，就是智慧和人。

即使財產被洗劫一空，人們還能保有智慧。

即使公司破產倒閉，只要有智慧，就還能東山再起。

只要懷抱希望，以智慧為基石，必定能重新開始。

每次看到職業運動員行為不檢的醜聞，不禁會想，他們真正需要的並不是天價年薪，而是這基本的智慧。

書本是接觸知識的絕佳工具，即使我們沒有錢和成績去讀好學校，依然有讀不完的書。

野口悠紀雄在《「超」納稅法》[2]一書中，提到一個耐人尋味的概念：

「知識不必繳稅。」

這真是令人驚訝的發現，知識的特質接近不動產，但囤房囤地要課稅，「囤積知識」卻不必繳稅，畢竟國稅局測不出你擁有多少知識，想課稅也無從課起。

然而一個人有沒有知識，賺錢的本事可以相差數倍，甚至數十倍。賺錢這個「結果」雖然必須課稅，但賺錢的原因在於知識，不管你把知識帶到哪裡，都不用繳稅。

有些人創業之後破產倒閉，卻還是有金主捧著錢請他創業，便是因為了解這個道理。即使因破產而一文不名，之前曾經成功過的原因就在於他有知識與才能。一個人的知識與才能不會折舊，甚至有可能因為慘痛的失敗經驗而提高未來的成功機會，投資人就是看中這點。

有知識的人，也只會與有知識的人深交，人只要說個幾句話，就立刻能顯露出自己有沒有知識，即使口袋沒錢，只要有真正的知識與創意，總會有人會來投資你。

在《胡雪巖商詭》[3]一書中，記載著中國清朝末期的富商胡雪巖成功事績，他曾說過這麼一段話：

「水漲則船高，人愈誇則愈上進。」

這是一句含意深遠的名言，水漲則船高，代表身邊的人糟糕，自己也會沉淪；周圍水準愈高，自己就愈提升。若你學養深厚，必然會碰到為你把水推高的貴人。

想當天才就得多花時間努力

公私平衡，討論這話題實在愚蠢至極。

公事與私事根本不需壁壘分明，工作就是玩樂，玩樂亦是工作。花費全部的時間來學習很快樂，把學到的知識運用在工作上也很快樂，所以公私不需分明。

但為何每隔一陣子，就有人討論公私平衡？我想是因為大多數人沒有我上面提的概念，你可能也是其中之一。

我建議這種人去讀「天才」類的書，天才們有各種學習的故事，然而最終都得到相同的結論：

「花很長的時間做這件事。」

這結論看來直白，卻是不變的真理。傑出人士在某個項目上花的時間遠比其他人更多，業餘之所以贏不了專業，唯一理由就是投入的時間不夠。

馬修．施雅德（Matthew Syed）是英國《泰晤士報》專欄作家兼ＢＢＣ評論家，他同時也是英國桌球國手，參加過兩屆奧運，得過三次全英桌球冠軍。他在著作《一萬小時的神奇威力》[4]中，提到自己為何能打好桌球。

他的哥哥是桌球選手，住家車庫裡有比賽用的桌球桌，從小就生活在充滿桌球的環境中，兄弟之間也是以桌球來交流。他就讀的小學有英國頂尖的桌球教練，住家附近又有二十四小時營業的運動俱樂部。他身處可以隨時練習的環境，本身又熱愛打桌球，所以成功的關鍵不在於「天賦」，而是「練習」。

有好的環境，好的教練，花上長長的時間不感厭倦，天賦才會開花結果。其他天才案例經過研究也得到類似結論，答案很簡單，無論什麼領域都是「一直做的人」才會變得厲害。

推薦「連鎖閱讀」

當你讀了許多書，畫了許多好線，便會理解連鎖閱讀的樂趣。

以本書的例子來說，先了解決算書的知識，體認到嬌生的「社訓」結構有多麼完美，便會想知道嬌生的經營細節。

研究後發現，嬌生企業日本分公司社長新將命寫了一本好書《經營教科書》[5]。接下來研究寶僑，研究嬌聯，再換個產業研究無印良品的管理方式，重新體認到管理的重要性，回頭看杜拉克的《管理學》，又獲得之前沒發現的新知。

當你的思考範圍愈來愈廣，閱讀也將浩瀚無垠，對未知的「恐懼」將轉為獲取新知的「喜悅」，只要達到這個境界，本書的任務也就完成了。

挑戰「磚頭書」的竅門

前面提過要在商場上取勝，條件是與製造與競爭對手（公司）之間的差異，而要製造差異，有效的方法之一就是挑戰一般人不敢讀的書，最好的例子便是「磚頭書」和「經典」。

我們先討論「磚頭書」。

你看見磚頭一般厚的教科書，是否會感到心浮氣躁？翻開看看，字真是又小又密，資訊量驚人。想到要讀這種書，便忍不住臨陣退縮。

反之，若能讀下去，就為自己創造了競爭優勢。

尤其美國的課本與名著通常都是磚頭書，但你不需害怕磚頭書，因為磚頭書反而是良心之作，無私奉獻豐厚的內容，才會變成磚頭書。

一本書有系統地歸納了整個領域的知識，不需要買好幾本，只要這本書就能達成橫向連鎖的閱讀，不覺得很美妙嗎？

最重要的是，磚頭書中有許多個案研究、圖片與表格，豐富視覺享受，同時也蒐集許多資料，讀者便不需自行驗證。

你可以將磚頭書放在身邊，在有需要的時刻選取需要的部分閱讀。即使是隨便看看照片，或者讀幾篇生動的個案研究，都能刺激你的思考。作者與編輯佛心大放送做出了厚厚的磚頭書，讀者只要輕鬆享受即可。費盡千辛萬苦的，反而是拚命編寫出上千頁內容的作者與編輯。

改編多次的名著《財務管理》[6]總計六百多頁，讀起來卻行雲流水，內容詳實淺白，一本才七百多元，說實在這一點都不貴，內容價值遠超過十本的一般商業書，絕對值得你挑戰看看。

讀「經典」會增加思考能量

「經典」固然重要，卻也是最讓人退避三舍的書籍，但若想取得競爭優勢，就務必要讀經典。

瀧本哲史的《讀書就是格鬥技》[7]讓我學到最重要的事情，就是卡內基的《卡內基溝通與人際關係》[8]為何會成為名著，又為何成為長銷書。

「要使讀者理解一個普遍的定律，最好的方法是利用難以理解的例子來促進讀者思考；《卡內基溝通與人際關係》與韓非子的《說難》都無意間用了這個方法，成功促使讀者思考，真是經典中的經典。」

經典中的例子與現代情景不同，讀者一時無法理解，因此必須努力將自己「代入」範例中，無形中便吸收了書中的知識。經典之所以有用，就在於「例子不易理解才有用」。

即使我們懂日本戰國時代武將如何思考、如何作戰，或者理解希臘神話的內容，它們終究與現代環境差異太大，無法立即影響現在的生活。因此讀者要從中擷取本質，「代入」自己所處生活的現實，讀經典最大的好處就是能鍛鍊這種思考能力。

無論時代如何改變，人心總有些不變的「千古哲理」，請讀些老子、孔子、卡內基，來探究這些哲理。

線畫得愈多，就畫得愈好

我至今依然不斷尋求好的商業書來畫線，這些畫線部分隱含著時代的意義、未來的趨勢，以及關鍵的哲理。

品質重於數量，全球化只會不斷加速，學功夫一定要到現場……我學到什麼便身體力行，學了又對新的知識領域有興趣，然後讀商業書，繼續畫線。

教育是殘酷的。

努力向學的人，學問會愈來愈高深，與不讀書的人之間愈差愈遠，有如指數函數曲線。懂英語和不懂英語的人，出國時從路邊招牌吸收到的資訊量，就天差地別，甚至可能錯過了危險警示，蒙受生命危險。

國文好的孩子比較聰明，是因為絕大多數資訊都以本國語言吸收，即使長大成人依然不變。假設一群人讀同一本商業書，每個人理解的深淺，以及畫線的位置也都不同。

這決定性的差異來自於基礎學養，如果不懂會計，也就不懂嬌生公司的社訓與USJ堅持遊客數量的本質。

提升學養。

面對弱點。

部分練習。

想獲得學養這項武器，於商場上大放異彩，請在書本上畫線。

【編者註】

1.《實用商業美語》系列，杉田敏著，三民出版。
2.《「超」納稅法》，野口悠紀雄著，新潮社出版。本書目前無繁體中文譯本。
3.《胡雪巖商詭》，胡雪巖原典，歐陽居正解譯，中國華僑出版社。本書原為簡體中文書，日文譯本為《中国商人　儲けの知恵》，総合法令出版。
4.《一萬小時的神奇威力：熱忱＋深度訓練，讓你在高壓力下仍能表現出色》，馬修·施雅德著，遠流出版。
5.《経営の教科書—社長が押さえておくべき30の基礎科目》，新将命著，鑽石社出版。本書目前無繁體中文譯本。
6.《財務管理》，Richard A. Brealey, Stewart C. Mayers, Alan J. Marcus 著，華泰文化出版。
7.《読書は格闘技》，瀧本哲史著，集英社出版。本書目前無繁體中文譯本。
8.《卡內基溝通與人際關係：如何贏取友誼與影響他人》，戴爾卡內基著，龍齡出版社。

終章 藍

我的父親是一位藍領勞工。

他在建築工地擔任水電工，在日本，水電工的地位比木匠更低。水電工沒有說話的份，因此我父親總是受制於其他工人，被迫更改規格又不停趕工。

某天，我父親和伯父去幫一戶有錢人家修水管，工時相當長，屋主在休息時間送茶慰勞他們。然而喝茶的地方不是在屋裡，而是在庭院裡鋪一塊草蓆坐著喝。連屋子的外廊都不給他們踏上。

我父親低頭咬唇，大伯壓低嗓門悄悄嘟噥一句：

「窮就是這麼回事。」

父親在伯父突然過世後，為了翻身而接下他的事業，忍辱負重繼續工作，吃了數不清的虧，放棄心中夢想，為了養活一家人，每天都去工地打拚。

我父親肯定有夢想。

他心中悄悄地隱藏著渴望。

我繼承了他的夢想與渴望，努力打拚到如今。

想到父親被迫坐在草蓆上喝茶，這恥辱激發我的鬥志。

福澤諭吉說的沒錯，要消除階級差異的方法只有「學習」。

廚師在日本曾經是一種卑賤的工作，然而廚師們不斷鑽研口味，提升學養，創造最美味的菜餚，現在已經成了「明星主廚」，受人尊敬。

「學習」能夠開拓人生道路，帶給他人喜樂。

每個人都能輕易地開始學習，也在學習之路上互相評價，我相信這麼做就能把整個世界的價值發揮得淋漓盡致。因此我每天發行電子報介紹商業書，要將那些被埋沒的稚嫩作家發掘出來。

我買的第一輛名車是藍色的瑪莎拉蒂，但我並不喜歡它。
因為那藍讓我想到父親開的藍色貨車，以及他的藍領身分。
藍是象徵我「動機」的顏色。
我希望能燃燒自己的生命，來提升「藍」的地位。

「幸福」是絕對的，「成功」是相對的

有人對我這麼說過：
「土井會談『成功』，但不談『幸福』。」
此話一點也沒錯。
我這人從不談「幸福」。

想想也是當然。

幸福終究是當事人自己的事，每個人有不同的判準。

一次普通的日出，一頓簡單的飽飯，一封朋友捎來的信，只要當事人覺得「幸福」，便是無庸置疑的幸福。

幸福是當事人自己的「絕對評價」，與他人比較幸福毫無意義可言，甚至一旦開始比較，就會感覺不幸。

但「成功」則否。

成功的度量衡在於跟他人或過往的自己比較，是「相對評價」。一個人不可能光想想就會成功，必須學習與實踐。因此每天都要讀書，畫線。

若本書能提供你邁向「成功」的能量，便是我無上的喜樂。

附錄

我畫的四十四條線

1 《季寧談管理》（季寧．莫斯考著）

讀書，要從開頭往結尾讀。
做生意則是相反。
要從結尾往開頭走，為了達成這個結果，盡己所能地做。

◇《商業書馬拉松》（BBM）第一期所介紹的書。與其沒頭沒腦地亂做，不如從結果反推自己該做什麼，然後往前衝。希望讀者能從書中學到這樣的行動力。

2

《管理學》（Steven P. Robbins 著）

大多員工之所以缺乏鬥志，是因為對以下三種關係（或其中之一）的認知不足：努力與業績的關係，業績與薪酬的關係，理想薪酬與實際薪酬的關係。

◇本書介紹基本的管理思維，當員工無法提起鬥志，檢查這三點便能發現「原因」。

3

《完美練習》（Doug Lemov、Erica Woolway、Katie Yezzi 共著）

要把技術拆解成細節，各別練習。

◇部分練習有助於提升技術，若能為練習的內容取個具體的名字，練習起來更清楚明白，也更有效率。

4

《目標》（高德拉特著）

工廠裡的資源必須分成兩個部分：瓶頸與非瓶頸。

◇無法處理完畢的工作就是瓶頸，改善瓶頸便能提升整體產能，這正是本書所述TOC制約法的核心。

5《管理學》（彼得・杜拉克著）

員工能受聘，是基於他的強項，意即能力。組織的目的，在於將人的強項連結於生產，並中和人的弱點。

◇將人集合成組織的理由盡在於此，重要性絕對不輸「創造顧客」。組織若不能做到以上這點，便毫無意義。

6《非常潛力股》（菲利浦・費雪著）

與其低買高賣炒作股價，不如尋找優質企業，無論市場如何波動，都繼續持有該企業的股票。這麼做，實際上能夠為更多的人帶來更大的利益。

◇請投資潛力股，並長期持有。這句話盡述了本書精華。只要公司長期向上發展，就不須在意買進價格，這段話改變了股神巴菲特的思考方式。

7《分類思考的世界》（三中信宏著）

世上沒有「無名」之物，反之，只要有了名字，便能從「無」轉「有」。

◇命名會產生新的分類，有時甚至能創造新的市場。

8《運動鞋戰爭》（芭芭拉．施密特著）

在東京發生的事情我記得很清楚，感覺就像007電影或懸疑電影的情節。運動鞋廠商的業務員躲進廁所，將信封放在其中某一間的小角落，我隨即潛入拿走信封。打開信封，通常會看到一疊五美元或十美元的鈔票，合計約六、七百元美金，有時甚至高達數千元。

◇水往低處流，這話聽來八股，但卻告訴我們運動產業的「上游」在於「明星選手」，而做生意要成功的條件正是掌握「上游」。

9《為什麼法國人愛「百吉棒」？》（三田村蕗子著）

「百吉棒」在歐洲當地的品牌名稱是「Mikado」，然而兩者的品牌定位卻天差地別。亞洲的「百吉棒」就像活力十足的陽光少年，「Mikado」則是完全成熟的形象，口味也比「百吉棒」更濃醇。

◇這告訴我們進軍全球市場的重點何在。百吉棒發源於日本，卻在歐洲建立完全不同的品牌形象而大獲好評，可見配合市場改變訴求相當重要。

10《進化式商務旅館為何如此一房難求？》（永宮和美著）

過去年長（即戰後嬰兒潮世代）的團客，都是訂大型飯店的雙床或三床房，現在則會選擇價格合理的商務旅館單人房。可見即使一群親朋好友出遊，大家還是想保留隱私。

◇商務旅館不再是「商務人士專用」的旅館，只要掌握團體轉為個體的趨勢，就能想出「有如度假飯店般的商務旅館」，並大獲成功。

11 《案本》（山本高史著）

一切人事物的真相，都與其他萬事萬物的真相有所連結，而人在思考事物時的關鍵，就是決定思考的中心點何在。然而只盯著中心點不肯移動，也無法創造豐富的想像。

◇日本企業太過講究核心價值，作者就大方分享了自己失敗的經驗，闡述融入周遭事物的重要性。

12 《資訊文明學》（梅棹忠夫著）

在眾多外胚層器官中，最醒目的當然是腦神經系統，或者說感官系統。擴充大腦與感覺器官的功能，正是最具時代特色的重點課題。

◇本書中許多內容如今都已實現，而這是最後一則「預言」，能夠滿足觸覺等各種感覺的商品就有商機。

13《一萬小時的神奇威力：熱忱＋深度訓練，讓你在高壓力下仍能表現出色》（馬修·施雅德著）

我想一萬小時仍不足以作為傑出的指標，針對特定目標訓練一萬小時才算傑出。

◇花費長時間訓練依舊無法躋身一流，原因就是不僅需要一萬小時的時間，還要針對「特定目標」訓練，書中有許多例子說明成功人士如何訓練自己。

14《原來問題在這裡！訂單拿不到、存貨銷不掉、顧客意見聽不到的終極解決之道》（遠藤功著）

「能見化」的基礎，就是無論對方怎麼想，都要將各式各樣的事實與問題轉化為「眼前的景象」。

◇不用解釋就懂，即使對方不想懂自己也懂，只要整個組織有這種能力，就相當強大。

15《談判：談判專家的12個攻心法則》（赫伯．柯漢著）

最終提案要成功，祕訣在於能讓對方投資多少時間與勞力。

◇只要讓對方覺得「我為這個客人付出這麼多，一定要談成」，這案子就成了。另外要殺價的時候，使對方耗費愈多時間精力，能夠殺價幅度就愈大。

16《直達人心》（Jesse S. Nirenberg 著）

在提問時，若缺乏需要答案的原因，便容易引起對方懷疑。

◇若不告訴對方目的何在，無論如何發問都得不到好的回答，在採訪他人時請務必記得這句金玉良言。

17《好策略壞策略》（魯梅特著）

策略的基礎是以自己的最強去攻擊對方的最弱，換句話說，就是以最有威力的武器，攻擊最可能達到最大效果之處。

◇不讓對方抓到自己的弱點，並以自己最大的力量攻擊對方弱點，不僅適用於商場，也適用於運動競賽。

18《下流志向：為什麼孩子不上學、不工作》（內田樹著）

教育的悖論，就是從教育中獲利的人，在教育的進行到某個階段之前，甚至在教育完成之前，都無法說明教育會獲得什麼利益。

◇要出國才知道學英文的意義何在，教育的效果往往在完成後才能了解，因此我們不該回答教育的目的，教育者的首要工作就是「讓人學習」。

19《「超」納稅法》（野口悠紀雄著）

節省遺產稅的最終極方法，就是教育。

◇教育是無與倫比的最佳投資，而且不用繳稅，我認為這是個非常棒的概念。

20《銷售的技術：賣東西必須有方法、有技巧，顧客才會買單》（法蘭克・貝特格著）

每次我拿申請表給客戶之前，都會在簽名處用鉛筆畫個大叉叉，如此一來我就有理由向客戶遞出鋼筆，並說「麻煩在畫叉叉的地方簽名」。

◇懂得引誘對方做某件事就贏了。無論過程多麼精彩，沒有順利完成交易，就無法獲取成果。

21《創新的兩難》（克雷頓・克里斯汀生著）

優秀的管理，正是讓企業失去龍頭寶座的最大原因。優秀的企業會傾聽顧客意見，為了增產、改良顧客喜愛的產品而積極投資研發新技術，細心調查市場動態，有系統地投資獲利率最高的創新領域，因此失去業界龍頭寶座。

◇若一味追求目前商務的最佳化，一旦出現破壞性的創新思維，龍頭寶座立刻不保，反過來說，新玩家永遠都有機會進場。

22 《創新者的解答》（克雷頓・克里斯汀生、邁可・雷諾著）

若企業要判斷新的優先順序，意即創造新的基準價值，唯一方法就是設立一個具備新成本結構的新事業部門。

◇不成立一個全新部門，就無法對抗新玩家的破壞性創新，但創立新部門，可能得推翻自己的過去，並不容易。

23 《行銷管理》（菲利浦．科特勒、凱文．凱勒著）

行銷的目的在於「摒棄推銷」。

◇若要在這本磚頭書中畫上唯一的一條線，就是這裡。行銷之目的就是創造「吸引顧客購買的機制」，當公司不需要推銷，員工便不會疲憊。

24 《我的義大利餐廳 我的法國餐廳》（坂本孝著）

店面十五到二十坪，每天翻桌三次以上，月營業額一千兩百萬到一千九百萬日圓，我旗下多得是這種生意興隆的餐廳。雖然餐點成本率超過六〇%，但採用立食模式，提升翻桌率，才能創造顛覆常識的業績。以理論數據來說，即使成本率高達八八%，還是能夠獲利。

◇「我的」系列餐廳本質不在於立食，而是透過高翻桌率，讓極高成本（好食材）得以實現，創造出「美味」。

25《從財務三表掌握會計訣竅：輕鬆看懂財報與經營的關係！》（國貞克則著）

讀者若不了解財務三表之間的關聯性，無論多麼努力學習會計，都無法真正融會貫通。

◇會計為何這麼難懂？原因都在上面這句話。財務三表裡所記載的資訊，能讓人理解該企業裡各項事業的變化與彼此連動。

26《策略就像一本故事書》（楠木建著）

所以就會像是這樣的故事：亞馬遜提供顧客獨特的電子商務購買經驗，結果增加了網站流量。網站流量一高，就吸引更多賣家（出版社與製造商的經銷商）提供商品，網站裡可選擇的商品也更多元。銷售多元商品，可以讓顧客的消費經驗更多元，進一步提升流量，形成了良性循環。

◇正確的營運過程會不斷提升競爭優勢。除了亞馬遜，本書還提供其他許多範例。

27《定位：在眾聲喧嘩的市場裡，進駐消費者心靈的最佳方法》（艾爾・賴茲、傑克・屈特著）

金龜車的關鍵在於「尺寸」。福斯汽車史上最成功的廣告就在於金龜車的定位。

「Think small」就這麼一段簡單的廣告詞，劃清了福斯汽車的定位，並顛覆了當時民眾「大車才好」的想法。

◇定位要定得「到位」，在這個商品所處的類別中找到前所未有的新定位，就能成功。

28《焦點法則》（艾爾・賴茲著）

品牌不是獵殺巨獸的狩獵許可證，而是需要精心切割琢磨的鑽石。

◇擴大產品線只會造成資源分散，終究失敗。強化原有的品牌才是更重要的。

29《實證廣告法則》（John Caples 著）

我們常以為有許多訴求重點可以吸引對方興趣，然而其中只有一個紅心。

◇廣告詞怎麼寫不重要，重要的是「訴求重點」。因此應把時間放在尋找訴求重點，而不是先想廣告詞。

30《酷》（Steven Quarts、Anette Asp 著）

現在最酷的產品不是酷在價格，而是酷在一種資訊成本高昂的含蓄訊號。

◇這段經典名言我一看到就忍不住整句框起來。以前只要高檔又昂貴就算酷，但現代必須是稀少又難找才算酷，一旦某件事物變得容易找到，就不酷了。

31《精準預測：如何從巨量雜訊中，看出重要的訊息？》（奈特．席佛著）

離投票日愈近，民意調查準確度就愈高。

◇這段話的意思是，以最接近投票日的民調來估計投票結果，效果最好，因此選舉策略要盡量等到最後關頭再出手，能撐最久的人就會贏。

32《財務管理》（Richard A. Brealey, Stewart C. Mayers, Alan J. Marcus 著）

專案的價值，取決於採用之後總共能新增多少現金流。

◇只追求近利無法開創新事業，著眼於長遠的投資回收更重要，財務畢竟只是決策用的工具。

33《你必須知道的一件事》（馬克斯・巴金漢著）

管理的原點在於每一個下屬個體，管理人要觀察下屬的天賦、技術、知識、經驗、目標等，據此擬定出能讓下屬成功的獨特計畫，也就是說管理人必須專注於讓下屬邁向成功。

領導人則要有與眾不同的觀點，領導人的原點在於心中的願景，要能夠講述願景、思考願景、反省願景、規劃願景，乃至於完成更好的願景。

◇這本名著剖析出管理人與領導人的不同，讀了本書便能理解自己適合管理或領導，以及領導人為何總是「強人所難」。

34

《從A到A⁺》（詹姆．柯林斯著）

良好（good）是偉大（great）的敵人。

◇好公司絕對無法成為偉大公司，沒有決心邁向偉大，企業便不會成長，個人亦是如此。

35

《馬斯洛人性管理經典》（馬斯洛、史蒂芬絲、海爾著）

一個人吸收了社會上普遍認為有價值的事物，便成長為一個有價值的人。

◇這本書不僅講述了如何自我啟蒙的生活方式，對團體與企業一樣適用。這是馬斯洛作品中較小眾的一本，但有許多死忠書迷。

36《追求超脫規模的經營：大野耐一談豐田生產方式》（大野耐一著）

（1）過度生產的浪費
（2）人力閒置的浪費
（3）運送的浪費
（4）加工本身的浪費
（5）庫存的浪費
（6）動作的浪費
（7）缺陷品的浪費

◇只要徹底檢討以上七點，幾乎所有企業、職場都能找出內部的浪費。作者創造了豐田生產方式，他的檢查表也相當有價值。

37《經濟學原理》（Gregory Mankiw 著）

競爭市場也稱為完全競爭市場，有以下兩個特色。

・市場上有大量買家與賣家。

・眾多賣家所供應的財貨內容幾乎相同。

◇若要透過一本書了解經濟學的龐大成果，非它莫屬。做生意千萬不能讓自己淪入完美競爭市場，否則會被消費者殺價。

38《IDEA物語》（湯姆・凱利著）

IDEO與其他公司的差別，在於投入龐大精力去驗證自己的觀察，並想出許多好方法提升觀察的品質。

◇我把這本書發給自家的員工。若要當個有創意又敢改革的人，就先從觀察消費者行為開始。

39《雲霄飛車為何會倒退嚕？創意、行動、決斷力，日本環球影城谷底重生之路》（森岡毅著）

公司對行銷最大的要求，就是努力推升營業額。（中略）主題樂園要提升營業額，最大關鍵就在於推升「遊客人數」。

◇這句話道盡USJ的「第一瓶」。若你讀商業書時常常思考「第一瓶」為何，就能掌握俯瞰瀏覽的閱讀方式。

40《成城石井的創業》（石井良明著）

我所做的，是先把商品分成A、B、C三級，但不主打A級貨，而是努力販售B、C級貨。也就是說，我會把A、B、C都放在一起。C級貨物以稀為貴，但賣得不多，若C級貨能賣得好，顧客就會順手購買其他商品。

◇讀者一看便知道零售業的「第一瓶」在於「品項」，創辦人精心挑選的品項創造了成城石井的品牌，書中另有許多打造門市的經驗談。

41《嬌聯式 栽培自我的技術》（高原豪久著）

我認為今天的商業環境不是「大欺小」，而是「快欺慢」。

◇現代的商業環境是快的人贏，書中提及在全球化浪潮中勝出的嬌聯如何在短時間內培育人才，壯大組織。是充滿成功線索的一本書。

42《小公司賺大錢》（竹田陽一、栢野克己著）

成功機率最高的經營模式為「單一商品，單一客群，公司本身熱愛商品與客戶」。

成功率第二高的則是多種商品，單一客群。

◇蘭徹斯特的創業心法，在於策略不可背離客戶，可說是把安索夫矩陣（Ansoff Matrix）以平易近人的文字再解釋一次。

43《溫拿都喜歡這樣做生意：找回態度的力量，運用好惡創造成功》（楠木建著）

經營者的動機如何形成？我想就在於當事人的「好惡」，而不是事物的「好壞」。

◇「好惡」是終極的差異，其他人想模仿都不容易。做生意要成功，就是選自己「喜歡又簡單」，他人「討厭又困難」的事情做。

44《改寫遊戲規則者》（拉弗里著）

偉大的創新，源自於理解一個尚未實現的需求。

◇以寶僑的案例為主軸，講述如何觀察才能夠創新。書中亦說明創新如何具體地連接到商品研發、行銷等。

「我畫的四十四條線」收錄書籍總覽

1. 《季寧談管理》，季寧．莫斯考著，長河出版。
2. 《管理學》，Steven P. Robbins、Mary Coulter 著，華泰文化出版。
3. *Practice Perfect: 42 Rules for Getting Better at Getting Better*，by Doug Lemov, Erica Woolway, Katie Yezzi，Jossey-Bass。日文譯本為《成功する練習の法則》，日本經濟新聞出版。本書目前無繁體中文譯本。
4. 《目標》，高德拉特著，天下文化出版。
5. 《杜拉克：管理的使命》、《杜拉克：管理的責任》、《杜拉克：管理的實務》，彼得．杜拉克著，天下雜誌出版。
6. 《非常潛力股》，菲利浦．費雪著，寰宇出版。
7. 《分類思考の世界》，三中信宏著，講談社出版。本書目前無繁體中文譯本。
8. *Sneaker Wars: The Enemy Brothers Who Founded Adidas and Puma and the Family Feud That Forever Changed the Business of Sports*, by Barbara Smit, Harper Perennial. 日文譯本為《アディダスＶＳプーマ　もうひとつの代理戦争》，Random House 講談社出版。本書目前無繁

體中文譯本。

9. 《「ポッキー」はなぜフランス人に愛されるのか?》，三田村蕗子著，日本実業出版社。本書目前無繁體中文譯本。

10. 《進化系ビジネスホテルが予約がとれないほど人気なワケ》，永宮和美著，洋泉社出版。本書目前無繁體中文譯本。

11. 《案本》，山本高史著，Impress 出版。本書目前無繁體中文譯本。

12. 《情報の文明学》，梅棹忠夫著，中央公論新社出版。本書目前無繁體中文譯本。

13. 《一萬小時的神奇威力：熱忱+深度訓練，讓你在高壓力下仍能表現出色》，馬修．施雅德著，遠流出版。

14. 《原來問題在這裡！──訂單拿不到、存貨銷不掉、顧客意見聽不到的終極解決之道》，遠藤功著，高寶出版。

15. 《談判：談判專家的12個攻心法則》，赫伯．柯漢著，智言館出版。

16. *Getting Though to People*, by Jessie S. Nirenberg, Martino Fine Books. 日文譯本為《「話し方」の心理学　必ず相手を聞く気にさせるテクニック》，日本經濟新聞出版。本書目前無繁體中文譯本。

17.《好策略壞策略》，魯梅特著，天下文化出版。
18.《下流志向：為什麼孩子不上學、不工作》，內田樹著，麥田出版。
19.《「超」納稅法》，野口悠紀雄著，新潮社出版。本書目前無繁體中文譯本。
20.《銷售的技術：賣東西必須有方法、有技巧，顧客才會買單》，法蘭克·貝特格著，久石文化出版。
21.《創新的兩難》，克雷頓·克里斯汀生著，商周出版。
22.《創新者的解答》，克雷頓·克里斯汀生、邁可·雷諾著，天下雜誌出版。
23.《行銷管理》，菲利浦·科特勒、凱文·凱勒著，華泰文化出版。
24.《俺のイタリアン　俺のフレンチ》，坂本孝著，商業界出版。本書目前無繁體中文譯本。
25.《從財務三表掌握會計訣竅：輕鬆看懂財報與經營的關係！》，國貞克則著，先鋒企管出版。
26.《策略就像一本故事書》，楠木建著，中國生產力中心出版。
27.《定位：在眾聲喧嘩的市場裡，進駐消費者心靈的最佳方法》，艾爾·賴茲、傑克·屈特著，臉譜出版。

28. 《焦點法則》，艾爾・賴茲著，臉譜出版。
29. *Tested Advertising Methods,* by John Caples, Prentice Hall. 日文譯本為《ザ・コピーライティング》，鑽石社出版。本書目前無繁體中文譯本。
30. *Cool: How the Brain's Hidden Quest for Cool Drives Our Economy and Shapes Our World,* by Steven Quarts & Anette Asp, Farrar, Straus and Giroux Press. 日文譯本為《クール　脳はなぜ「かっこいい」を買ってしまうのか》，日本經濟新聞出版社出版。本書目前無繁體中文譯本。
31. 《精準預測：如何從巨量雜訊中，看出重要的訊息？》，奈特・席佛著，三采出版。
32. 《財務管理》，Richard A. Brealey, Stewart C. Mayers, Alan J. Marcus 著，華泰文化出版。
33. *One thing You Need To Know,* by Marcus Buckingham，Simon + Schuster Uk. 日文譯本為《最高のリーダー、マネージャーがいつも考えているたったひとつのこと》，日本經濟新聞出版社出版。本書目前無繁體中文譯本。
34. 《從 A 到 A^{+}》，詹姆・柯林斯著，遠流出版。
35. 《馬斯洛人性管理經典》，馬斯洛、史蒂芬絲、海爾著，商周出版。
36. 《追求超脫規模的經營：大野耐一談豐田生產方式》，大野耐一著，中衛出版。

37. *Principles of Economics* (Mankiw's Principles of Economics), by N. Gregory Mankiw, South-Western College Pub. 繁體中文編譯版可參考《經濟學原理》，王銘正譯著，高立圖書出版。
38. 《IDEA物語》，湯姆・凱利著，大塊文化出版。
39. 《雲霄飛車為何會倒退嚕?創意、行動、決斷力，日本環球影城谷底重生之路》，森岡毅著，麥浩斯出版。
40. 《成城石井の創業》，石井良明著，日本經濟新聞出版社。本書目前無繁體中文譯本。
41. 《ユニ・チャーム式　自分を成長させる技術》，高原豪久著，鑽石社出版。本書目前無繁體中文譯本。
42. 《小公司賺大錢》，竹田陽一、栢野克己著，台灣東販出版。
43. 《溫拿都喜歡這樣做生意：找回態度的力量，運用好惡創造成功》，楠木建著，中國生產力中心出版。
44. *The Game-Changer: How You Can Drive Revenue and Profit Growth with Innovation*，by A.G. Lafley，Ram Charan，Crown Business。日文譯本為《ゲームの変革者—イノベーションで収益を伸ばす》，日本經濟新聞出版。本書目前無繁體中文譯本。

國家圖書館出版品預行編目資料

一流的人讀書，都在哪裡畫線？：菁英閱讀的深思考技術／土井英司著；歐凱寧譯 . -- 第二版 . -- 臺北市：天下雜誌股份有限公司，2021.07

224 面；14.8×21 公分 . --（天下財經；439）

譯自：一流の人は、本のどこに線を引いているのか

ISBN 978-986-398-685-0（平裝）

1. 讀書法　2. 閱讀指導

019.1　　110007191

一流的人讀書，都在哪裡畫線？

菁英閱讀的深思考技術

一流の人は、本のどこに線を引いているのか

作　　者／土井英司
譯　　者／歐凱寧
封面設計／轡田昭彥、坪井朋子
封面構成／孫永芳
內文排版／顏麟驊
責任編輯／張萬蘭、賀鈺婷

發行人／殷允芃
出版部總編輯／吳韻儀
出版者／天下雜誌股份有限公司
地　　址／台北市 104 南京東路二段 139 號 11 樓
讀者服務／（02）2662-0332　傳真／（02）2662-6048
天下雜誌 GROUP 網址／ http://www.cw.com.tw
劃撥帳號／ 01895001 天下雜誌股份有限公司
法律顧問／台英國際商務法律事務所・羅明通律師
製版印刷／中原造像股份有限公司
總 經 銷／大和圖書有限公司　電話／（02）8990-2588
出版日期／ 2021 年 6 月 30 日第二版第一次印行
定　　價／ 320 元

書號：BCCF0439P
ISBN：978-986-398-685-0（平裝）
直營門市書香花園　地址：台北市中山區建國北路二段 6 巷 11 號
電話／(02) 2506-1635

天下網路書店　http://shop.cwbook.com.tw
天下雜誌我讀網　http://books.cw.com.tw/
天下讀者俱樂部　Facebook　http://www.facebook.com/cwbookclub